3—10岁
男孩养育指南

男孩子都是外星人！

[日] 野岛那美 著
[日] 阿部佳世子 绘
刘晓冉 译

北方文艺出版社

前 言

啊，男孩子怎么这么"傻"呢

初次见面。我叫野岛那美，是"内裤教室"性教育协会的负责人。

首先，非常感谢您能购买并阅读这本书。

我曾从事泌尿科护士的工作多年。现在，我从专业领域出发，作为一名儿童性教育讲师，致力于推广可以由家长传授给孩子的开明的性教育理念和行之有效的方法。至今，我在日本各地开设讲座已经5年多了，每年都能帮助1万名以上的家长。其中接触最多的，还是对养育男孩子烦恼的妈妈们。

断言"'小鸡鸡'是我的朋友！"的男孩子；

因为大便、鸡鸡、胸部一直发笑的男孩子；

脱掉裤子就一直放着不管，总是裸露着"小鸡鸡"的男孩子；

超乎寻常地火热谈论乳房的男孩子；

……

时而可爱时而发"傻"的男孩子，成了妈妈的烦恼。

人们都说"养育孩子是快乐的"，但相比乐趣，我想现在养育男孩子的妈妈们会感受到更多的困难。

前　言

我遇到了很多感叹男孩子生理状态的妈妈：男孩子与女孩子完全不同，他们活动范围大，喜欢说一些令人尴尬的话，走三步就会忘了刚才叮嘱他的事情，等等。

"男孩子啊，是又傻又可爱的'外星人'！"

一位来听我讲座的男孩子的妈妈，是这样来下定义的。

男孩子的妈妈们，真的，真的辛苦你们了！

大家都非常努力！

首先，请大家给自己一个大大的褒奖吧。

说到这儿，最令妈妈们一头雾水的，就是**男孩子的性教育**了吧？

"小鸡鸡"和身材体形，是怎样成长的呢？

孩子什么时候开始对性感兴趣的呢？

应该怎样开始对男孩子进行性教育呢？

妈妈给男孩子洗澡到几岁比较好呢？

……

如果问孩子爸爸这些问题，得到的答复通常只是不好意思地随口一说"不用管他"。

在养育男孩子的过程中，妈妈们一定会遇到有关性教育的烦恼，该如何从容地面对，这本书中会给出答案。如果妈妈们能将本书作为"育儿宝典"，灵活运用，我会非常开心。

本书将从各位妈妈那儿收集来的真实对话，制作成了漫画和小建议。可能你看着看着会笑出声，产生强烈共鸣；可能你会稍稍放心一点，"原来谁家的孩子都一样啊"。总之，我想**这本书会成为你的育儿支柱，在你家的男孩子对性产生兴趣的时候，让你不慌张、不尴尬**。

另外，男孩子的包茎问题、生殖器的护理、心理发育等，养育男孩的关键问题，我也尽力简单易懂地写了出来。还有关于孩子的将来——今后势必会迎来的身体发育、恋爱的心思、保护自己的方法、如何不被隐藏在身边的危险的人伤害等内容。希望读了这本书的妈妈们都能与家里的男孩子面对面真诚地沟通交流。

希望本书能帮您减轻一点育儿的不安与烦恼。

那么，让我们马上开始开明的性教育吧。

充满希望，拉开新时代的序幕
野岛那美

目 录

前言　002

第一部分　我家孩子会关注乳房，是不是有点奇怪？不，这是正常的！

雄太（男孩子、5岁）　014
尽快应对　015
许愿　016

你就那么担心"小鸡鸡"吗？　018
▶ 大家都因为相同的事情而烦恼！男孩子，为什么那么爱摸阴茎呢？

爷爷的书　022
"职场骚扰"　024
喜欢的东西　025

几岁开始会对性感兴趣？　026
▶ "性"不是禁忌！需要教会孩子的一些事情

泳衣覆盖的部位　030
泳衣覆盖部位的演变　032
雄太的进步　033

"泳衣覆盖的部位"不能让别人看　034
▶ 性教育基本的"基本"——泳衣覆盖的部位

第二部分　男孩子和女孩子如此不同！来了解"外星人"男孩子的生理状态吧

喜欢的词语　040
每天都在想什么　041
宝物?　042
"小鸡鸡"——男人的证明，太帅了　044
▶ 妈妈不明白！男孩子的生理状态

你好，语音助手　048
超级英雄　049
"俄罗斯轮盘赌"　050
变出什么了?　051
男孩子一定会迎来的性器期　052
▶ "口欲期""肛欲期""性器期"，来了解男孩子的发育阶段吧

梦寐以求的胸部　056
深呼吸　057
遗失物　058
啊，男孩子……同龄的女孩子明明都那么懂事　060
▶ 男孩子的心理年龄是同龄女孩子的"负2岁"！

第三部分 真的还早吗？
性教育，在小学低年级前就开始吧！

中学生的"明早回家" 066
青春期 067
提早的性教育 068

在被说"烦死啦"之前进行性教育 070
▶ 进入青春期就晚了！

"可怕的叔叔" 074
变态是什么？ 076

看不到的地方很危险啊 078
▶ 让我们培养出有安全意识、能自我保护的孩子吧！

长大的标志 082
成长纪念 084
祝贺你啊！ 085

长出体毛的男孩子都生机勃勃的，这是迈向成人的一步 086
▶ 预习一下吧！青春期男孩子的生理状态

第四部分
接下来，开始性教育吧！
性教育的精髓——洗内裤！

我想说！我想说！　090
"性骚扰"的男童　092
不能说的词　093
孩子说屁股、小鸡鸡时，不要烦恼，抓住机会进行性教育吧　094
▶ 发现性教育话题的切入点

原创歌曲　098
早熟的正人　099
自己洗内裤　100
遵守约定的雄太　101
内裤要自己洗！这是常识　102
▶ 让孩子自己洗内裤吧！

不是受伤！　106
"小宝宝的床"　107
妈妈的安心理论　108
出血不是受伤了，而是生理期　110
▶ "洗澡"和"坐私家车"是性教育的好机会！

第五部分　有关性的事情，怎么和孩子讲呢？
"想告诉孩子的话""不能说的话"

生日快乐　116
扫墓的日子　118
小时候的照片　119

生日——新生命诞生的奇迹之日　120
▶ 想要再次思考，性教育的真正的目的

变大了　124
改不了的习惯　125
并不是做坏事　126

做出自慰行为也没关系，适度就好了　128
▶ 不要说"脏"！自慰也是理所当然的事

反抗期女高中生　132
黄头发的志愿者　133
机会1　134
机会2　135

到了反抗期再进行性教育就晚了　136
▶ 与青春期、反抗期男孩子的沟通方式

第六部分

谁家的孩子都一样!
如何回答孩子提出的"惊心问题"

珍贵的相册　142
蛋蛋好痒!　143
男孩子和女孩子都会关注"那个"　144
妈妈告诉我　145
包茎，自己扒一扒　146
▶ 阴茎的清洁和护理常识

厉害的视频　152
音像店　153
好喜欢相扑运动员　154
看穿一切　155
孩子接触网络的机会增多　156
▶ 如果孩子看了少儿不宜的视频，怎么办?

孩子的困惑从哪里来　162
好丢人!　163
亲亲事件　164
和异性交往，经验早并不值得骄傲　166
▶ 怎么告诉孩子呢? 接吻是有前提的

什么是危险人物　170
预防性侵害的安全教育　172
就算招手也决不能靠近　174
▶ 如果孩子遇到了性侵害

第七部分 孩子真正想要的是什么？
通过性教育，想告诉给孩子的事情

机会叔叔　180
期待生理期　181
内裤教室　182

你要知道：孩子不会永远是孩子　184
▶ 与"外星人"男孩子在一起的时间，比你想象的短

爸爸的努力　188
我的孩子　189
最喜欢宝宝　190
伟大的"鸡鸡"　191

在爱中，你来到这个世界　192
▶ 通过性教育，想告诉孩子的事和希望妈妈事先了解的事

后记　196

第一部分

我家孩子会关注乳房，
是不是有点奇怪？
不，这是正常的！

★本书漫画的阅读顺序为从右至左。

雄太（男孩子，5岁）

慢条斯理的爸爸广亮。

啊……

松本麻美是随时都充满活力并阳光开朗的妈妈。

起床啦！已经六点半了！

呼噜——

还在睡梦中的5岁的雄太。

粉色的上衣在哪里啊？

凡事都认真的姐姐晴菜8岁。

好！

爸爸也别摸啦！

突然盯住

别摸"小鸡鸡"了！

呼噜

总是摸"小鸡鸡"。

第一部分　我家孩子会关注乳房，是不是有点奇怪？
不，这是正常的！

许愿
雄太、晴菜，泡澡喽！
好——
不要再摸"小鸡鸡"了！
又来了——
嗯！
爸爸！你看，你看！
唰
拉太长啦！
刚才拿绳子玩来着……
来翻绳吧！
吓我一跳！
哎呀——
刺啦刺啦刺啦……
不行，都说了不要硬揭！
"小鸡鸡"太帅了！
看！
惊呆
全是贴纸！
小心翼翼
闪闪发光

第一部分　我家孩子会关注乳房，是不是有点奇怪？
不，这是正常的！

你就那么担心『小鸡鸡』吗?

▼ 男孩子,为什么那么爱摸阴茎呢?
大家都因为相同的事情而烦恼!

"我家孩子,稍加留意就能发现他总是在摸'小鸡鸡'。刚骂完,不知道什么时候手又伸进裤子里了……唉,在外人面前真是太丢人了,想让他改掉,怎么做才好呢?"

实际上,这是很多母亲都默默承受的烦恼,确实有很多男孩子都爱摸阴茎。

作为女性,真的很难理解"为什么总是,手——在——内裤——里面!"

给因此而烦恼的妈妈们一句建议——这个问题,就放弃吧!为

第一部分　我家孩子会关注乳房，是不是有点奇怪？
不，这是正常的！

什么这么说，因为**男孩子，本来就是那样一种生物**。

男孩子摸阴茎的理由，主要有以下 4 点：

① 寻求单纯的安心

阴茎是非常柔软的，而且握在手中的感觉也非常好。

要是有一块肌肤触感非常好的毛巾或毛绒玩具，我们大人也会想一直摸，对吧？

如果能增加感觉上的舒适度，孩子想要摸一摸也是很自然的事。

如此，请放心。这个舒适度完全没有性的意思，反倒是寻找安全感的意义更多。

在上台发言前或是参加公开课等非常紧张的时候，男孩子触摸阴茎，是想要放松心情的体现。

② 位置有点儿偏

如果阴茎在内裤中的收拢姿势不好,孩子当然想要调整一下。对于能量过剩的男孩子来说,跑着玩、跳着玩都如同家常便饭。自然而然地,阴茎就会发生"偏离",想要把阴茎放回到舒服的位置是很正常的行为,这个习惯在成年男性中也十分常见。就像女士的文胸等内衣如果滑动了位置,感觉也会非常不舒服吧?两者的道理相同!

③ 痒、闷

虽说有其他原因,但过于频繁的触摸,也有可能是炎症或湿疹,阴茎出现疼痛或发红时,建议到儿科或泌尿科就诊。

④ 只是因为在容易摸到的位置

另外,最后,也许这是最大的理由——它在伸手就能摸到的地方。真的,阴茎凸出在最合适的位置上!男孩子这种生物本来就有一种"想要触摸附近的东西的习性",对于他们来说,无意间摸到了阴

第一部分　我家孩子会关注乳房，是不是有点奇怪？
　　　　　不，这是正常的！

茎也是没有办法的事情。

基于以上原因，男孩子摸阴茎绝对不是异常的行为，那是他自己的身体，**他可以触摸**。我们不要否定说"不能摸！"，而是应该教给孩子"'小鸡鸡'是我们身体的一部分，所以要爱护它"。另外，在外人面前触摸的话会有失礼数。

摸一摸更舒服和会令别人不快，这是两个问题。

"如果要调整'小鸡鸡'的位置，可以去洗手间。在外人面前摸'小鸡鸡'是很没有礼貌的。如果实在想要摸，就选在家里或是别人看不到的地方吧。"

这样教给孩子吧，比起训斥孩子"不能摸！"，这样说，孩子会更容易接受。

爷爷的书
爷爷奶奶家
你们来了真热闹啊，太好了！
多待一会儿吧！
啪嗒啪嗒
孩子有点儿吵，不好意思啊！
嗞——
嘿，啊哈哈哈。
妈妈！我发现一本书！上面的人都光光的，没有穿衣服！
噗！
你刚刚说什么？
别生气啊！
爷爷，这到底是怎么回事？
瑟瑟发抖
我怎么会藏那种东西！

第一部分　我家孩子会关注乳房，是不是有点奇怪？
　　　　　不，这是正常的！

『职场骚扰』

你这个，还好吧？
我已经想辞职了……
过分！
哎，那不就是职场骚扰吗！
Wine & café
OPEN
在我的职场，不小心被摸屁股啊胸啊，都是常事！
那也太危险了！
犯罪！
但是也不能发火的呀！
什么？
她的工作是什么来着？
幼儿园的老师……
老师，我好喜欢你！
哎呀
嘿嘿嘿……
嫌疑人是5岁的雄太

第一部分　我家孩子会关注乳房，是不是有点奇怪？
　　　　　不，这是正常的！

喜欢的东西

欢迎光临！

真的？

可以买一样你喜欢的东西！

买巧克力，好吗？

冰激凌呢？

哇哦！

咚咚咚

要这个！

当当！
成人杂志
※封面自动屏蔽

怎么办才好啊……

怎么办啊？孩子妈妈……

哈

有好多乳房！

几岁开始会对性感兴趣？

▼ 需要教会孩子的一些事情

「性」不是禁忌！

最基本的，不论是谁，即使是年幼的孩子，也会对性有兴趣，这是孩子身心健全的证明。如果有漂亮的裸体照片，想要看一看是大人、孩子都会自然流露的想法。

自己的孩子驻足在成人杂志前，目不转睛地盯着封面……当家长注意到孩子时，尴尬得手足无措……很多父母，一定都有一两次这样的经历吧。

总的来说，男孩子尤其如此，都很喜欢女性的胸和身体！对自己

第一部分　我家孩子会关注乳房，是不是有点奇怪？
不，这是正常的！

感兴趣的事物毫不掩饰地表达出来，这也是男孩子的一个特征。

而且，"想要被关注！"的"英雄情结"也附加其中。

"便便""鸡鸡""胸"等词汇，男孩子说出的机会更多，实际也是"英雄情结"的表现。

男孩子一说起这些，大人就会慌张地看着他。而且，朋友们也都会笑着说"呀——"。

对于男孩子来说，没有比这更开心的时刻了。

因为他们在那个瞬间，不管好还是坏，都成了备受瞩目的人物。

即便被妈妈叮嘱说"别人会以为你是奇怪的孩子！""太

丢人了，不要那样！"这些话，肯定只会被男孩子们左耳朵进右耳朵出的。

对于这一点，我们女性有点儿难以理解。

女孩子是一种在乎**"他人评价"**的生物，也就是"别人会如何看我呢"。

另一方面，男孩子是以**"自我评价"**为支撑生存的，也就是"我是不是快乐呢"。

对男孩子来说，"别人会以为你是奇怪的孩子！"这种所谓别人会怎么想的叮嘱方式，是完全得不到孩子的注意的。

不如说——

"因为有的人不想听到这些，所以不要在其他人面前说。"

第一部分　我家孩子会关注乳房，是不是有点奇怪？
不，这是正常的！

这样为别人着想的叮嘱方式，反而对男孩子比较有效。下次再遇到难题的时候，不妨这样叮嘱孩子试一试。

只不过，"三分钟之后就忘记了"也是男孩子的另一个特点。它让人不停地感叹："唉，男孩子啊……"

就请父母反反复复，反反复复，无数次不厌其烦地告诉男孩子，为什么不能在别人面前说一些令人尴尬的话吧。

对于妈妈来说，虽然这是一个令人头疼的烦恼，但这是**所有养育男孩子的妈妈都要走过的路！**

无须太过敏感，没关系的。

请在家庭中，如朋友般笑着回应孩子的所有表现，把心里的界限放宽一些来对待男孩子吧。

泳衣覆盖的部位

什么，雄太他……
在大家面前尿尿了？
是啊，哗啦哗啦的……
太对不起了！
有一种教育方法是“泳衣覆盖的部位不能让别人看”！
泳衣覆盖的部位？
是的，可以教给孩子，藏在泳衣里面的部位是非常重要的，所以不可以给别人看。
唉——
老师！可以摸一下胸吗？
所以这样也是不可以的。
我也要看看这本书！
雄太妈妈！这个也要制止啊！

第一部分　我家孩子会关注乳房，是不是有点奇怪？
　　　　　　　不，这是正常的！

泳衣覆盖部位的演变
妈妈!
进化图鉴
很久以前的人，泳衣覆盖的部位很少吧!
原始人
只有这里
哈哈哈，确实是!
妈妈的泳衣覆盖的部位是?
妈妈的和晴菜的一样!
但是……
嗯?
妈妈的泳衣覆盖的部位
(现在)
(20年前)
妈妈的泳衣覆盖的部位是全身啊!
全方位保护!
哇!

第一部分　我家孩子会关注乳房，是不是有点奇怪？
不，这是正常的！

雄太的进步

嗯！

真棒啊，雄太小朋友！

我再也不摸老师的胸了！

那是什么意思？我没听过……

泳衣覆盖的部位不能摸！

不行！

我要摸！

你现在就在让人看呢……

唉……

不可以让别人看！

当——当

泳衣覆盖的部位就是这个！

033

『泳衣覆盖的部位』不能让别人看

▼ 性教育基本的『基本』——泳衣覆盖的部位

孩子嘛，每个孩子都是一个美好的"问题"儿童。

所以，有时这份纯真可能会伤害到别人。

比如，以前，我接受过这样的咨询。

有一个5岁的女孩子，说"我不想去幼儿园"，并且从前一天的晚上就开始拒绝去幼儿园。通过仔细询问得知——"男孩子把小鸡鸡拿出来，非常骄傲地说：'我有小鸡鸡！很棒吧。'太讨厌了，我不想去了。"

第一部分　我家孩子会关注乳房，是不是有点奇怪？
　　　　　　不，这是正常的！

"是什么特殊的家族标志吗？"

好想在这里吐槽一句啊……

对于男孩子们来说，这只不过是游戏的一部分。**可实际上，他们一丝一毫也想象不到，这么做会伤害到女孩子。**

男孩子间的打架，是"我打你还是你打我"的胜负的世界！

最常见的便是哪一方哭了，就说明他打架输了。对于这样的男孩子来说，如果女孩子不哭着表示讨厌他，男孩子就意识不到自己被讨厌了……

非常遗憾，男孩子就是这样一个欠缺精细调节的"装置"。

另外，常会听男孩子说摸了保育园或幼儿园老师的胸或屁股非常开心，等等。这些都是男孩子常见的行为。

当然，这也是违反礼仪的。

像这样，在不知不觉间伤害到别人的小朋友，我称为"无意识加害者"。

虽然用词是温和的……却可能会给对方造成一生的心理伤害。
"我不想让我的孩子变成那样!"
男孩子的妈妈一定会这样想吧。

那么,给没有恶意的男孩子养成"有些事情不能做"的礼仪,应该注意些什么好呢?下面,我们来详细说一说吧。

在性教育中,最重要的事情,就是如何让孩子容易理解并能够想象出**"身体上有很私密很重要的部位"**这件事。
虽然这样说,但让孩子明白礼仪,是一件很难的事。
那么,"该怎么做才好呢?",很多母亲都有这样的困惑吧。
好!希望大家在这个问题上使用的方法是**"泳衣覆盖的部位"**这个词。

第一部分　我家孩子会关注乳房,是不是有点奇怪?
　　　　　不,这是正常的!

对于成年人来说不难理解的"隐私"这个词,孩子却很难理解。因此,利用"泳衣覆盖的部位"这个词,让我们教给孩子**"这里是只属于你自己的重要的地方"**,同理,**"朋友和老师也有只属于他们的重要的地方"**。

顺便说一下,泳衣覆盖的部位的定义:

- **不能让别人看,也不能让别人摸的只属于自己的重要的地方**
- **"嘴"和"藏在泳衣里面的地方"**
- **男孩子和女孩子的私密处都是嘴、胸、生殖器和屁股**

明白了这些,在教授孩子礼仪时,就能发挥作用。

"把'小鸡鸡'拿出来玩,对吗?"

"不可以摸老师的泳衣覆盖的部位!"

"可以掀开女孩子的裙子吗?"

……

孩子们不知道"可以做的事情"和"不可以做的事情"的边界线在哪里。

利用"泳衣覆盖的部位",给孩子明确地画出一条礼仪的边界线吧!

第二部分

男孩子和女孩子如此不同！
来了解"外星人"男孩子
的生理状态吧

喜欢的词语 ♥

什么？有怪兽？
有大麻烦了！
妈妈们，这里太危险了，请马上避难！
什么！
好可怕！
救命啊！
没关系，不要害怕！
一切交给我们吧！
你们的名字是？
我是正义的咸蛋超人！
闪亮登场
我是大便超人！
嘿呀！
打啊！
我不太想被你们救了……

第二部分　男孩子和女孩子如此不同！
来了解"外星人"男孩子的生理状态吧

宝物？
哈！
扑通！
小黄鸭
小黄鸭
嘎嘎嘎
找到了，
找到了！
在公园里
弄丢的那
个吗？
什么？
我发现了
弹力球！
还是不要
了……放
过我吧！
拿着！
妈妈拿
着这个。
在这里！
扑腾
哇啊！

第二部分　男孩子和女孩子如此不同！
　　　　来了解"外星人"男孩子的生理状态吧

「小鸡鸡」——男人的证明,太帅了

▼ 妈妈不明白!男孩子的生理状态

在前面的内容里也提及了,男孩子从小时候开始就非常喜欢"小鸡鸡"!

也许会把阴茎的皮揪得老长来玩。

也许会揉搓阴囊来玩。

也许兄弟间会比较阴茎的长短,从而获得优越感。

也许仅仅说到"小鸡鸡"就会狂笑不止……

对于我们女性来说,真是不明白有什么可开心的,完全搞不清楚

状况啊。

因此，在日复一日的育儿中，频繁出现妈妈不知如何应对的问题。

在我接受的咨询中，最多的便是关于**"阴茎的大小"**的话题。

虽然女性难以理解这个问题，但是**在男孩子的世界中，"阴茎的大小"容易变成男孩子对自己的评价。**

在卫生间比一比啊，在幼儿园或是保育园换衣服时比一比啊，因为很简单地就能看到别人的阴茎，所以首先就要大小定胜负！

另外我认为，男人带有一种与生俱来的初始设定，就是延续子孙。阴茎就是"男人的证明"，容易被认为是表现自己价值的标准。**同理，阴茎还是男孩子的自尊心。**

正因如此，男孩子无法和别人平心静气地谈论阴茎，即使长大成人以后，这也是一个接受专家诊查都会感觉不好意思的部位。

对谁都闭口不谈、暗自烦恼，这样的人真不少呢！

阴茎大小的烦恼，比我们想象的还要幼稚得多、敏感得多。

为了不让我们的孩子一个人烦恼，有些事情需要我们在男孩子小的时候就教给他们。

与"持有之物"的大小相比，"持物之主"的魅力更加重要。

比起关注阴茎（生殖器），我们为孩子培养的价值观应该是注重性格、资质、能力和情操。

有关阴茎，
需要告诉男孩子的事情

- 就像每个人的脸都不同一样，阴茎的颜色、形状、大小也各不相同。
- 阴茎的大小，到成人后勃起时长度如果有 5 厘米（大约小指的长度），就足够孕育小孩了，还有小便、射精和性生活也都不会为难。
- 对于男孩子来说，阴茎容易成为判断自我价值的标准，但实际上女孩子通常都不太在意。

语音助手
你好，
什么都能教给我吗？
是的，什么都可以！
那我想知道“小鸡鸡”的事情。
雄太，你又来了。
请教给我“小鸡鸡”的事情。
滴
你在说什么？我不明白。
“小鸡鸡”教给我！
滴
对不起，我不明白……
没办法啦！
咔嚓
是这个噢！
喂，你用爸爸的手机拍什么呢？

第二部分　男孩子和女孩子如此不同！
　　　　　来了解"外星人"男孩子的生理状态吧

超级英雄

很棒呢！
我做了急救车！

我做了蛋糕！
久美很擅长泥塑啊！

不是的！
太厉害了！
好酷啊！是怪兽吧？

哦？雄太做了个大作品呢！
捏呀捏 捏呀捏

那个小子……
真是对不起啊……
嗯，我有点儿担心……

什……什……什么？
是超级英雄的"小鸡鸡"！

「俄罗斯轮盘赌」

咚咚咚咚

要出来了！要出来了！

喂！你这个傻瓜！

啊哈哈哈

讨厌！雄太！快停下！

噗——啪

转到我

不要玩这么危险的"赌博"游戏啊！

等等！

是个屁，太好了！

第二部分 男孩子和女孩子如此不同！
来了解"外星人"男孩子的生理状态吧

男孩子一定会迎来的性器期

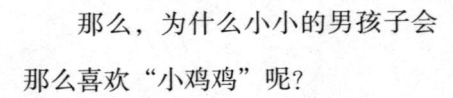

▼解男孩子的发育阶段吧

『口欲期』『肛欲期』『性器期』，来了

那么，为什么小小的男孩子会那么喜欢"小鸡鸡"呢？

失望、灰心的妈妈都想知道答案。实际上，那是有确定的理由的。

精神分析学创始人弗洛伊德留下了这样的研究结果。

出生～1.5岁：从母乳中获得营养从而带来快感的**"口欲期"**。

1.5岁～3岁：因为排出大便而获得成就感的**"肛欲期"**。

这一敏感期，如厕训练可以顺利进行。

3岁～6岁：幼儿园至升入小学时期到访的**"性器期"**。

第二部分　男孩子和女孩子如此不同！
　　　　　来了解"外星人"男孩子的生理状态吧

肛欲期！性器期！很想吐槽"这是什么名字？"但是孩子们就是如此成长的。

"我家孩子老是说'小鸡鸡''大便'，怎么办才好啊？"

学龄前男孩子的妈妈们，经常向我咨询类似的问题。这就是这个年纪男孩子特有的表现。

3岁～6岁这个年龄段，男孩子开始注意到阴茎的存在，女孩子开始注意到自己没有阴茎，等等，孩子们在这个时期开始理解男女的不同。

在心理学上，也有"性器期"的说法。这个时期的男孩子会非常喜欢"小鸡鸡"这种词。因为是每个孩子都会经历的过程，所以我只能说"没有办法"，请妈妈们放平心态，睁一只眼闭一只眼吧。

（但是，在人群聚集的公共场所故意说这样的话，是不行的。制止孩子的方法请参考18页和94页。）

我一般会告诉大家，**"性教育的适龄期为3岁～10岁"**。

到了 10 岁以上，孩子们的身心都已经成长了，开始准备摆脱家长。孩子们开始迈向成人阶段，不知不觉间，和他们一起洗澡的机会也少了，和他们一起出门的时间也少了。一旦进入青春期，孩子们会逐渐将朋友优先于父母。

这样一来，谈论"性"的机会就几乎没有了。

3 岁～10 岁是孩子经常说令人尴尬的词、让妈妈困惑不已的全盛期。但是，**如果顺应这个时期的特点，"将计就计"地开始进行教育，会比想象中顺利、有效得多。**

"妈妈！'小鸡鸡'变大啦！"

有没有过男孩子很高兴地让你看的经历？

"哦！好酷啊！"——如果遇到这种情况，就夸奖他一下吧。"起得这么早，真了不起啊"，像这样光明正大地回答孩子，之后就可以借机与性教育联系在一起。

顺便说一下，说到"对男孩子进行性教育最好的方法是什么"，对！一定是**"答题游戏"**！

提出问题："你认为宝宝的种子存在哪里呢？"

"肚子！""胃！"……"是'蛋蛋'的袋子！"

像这样一边玩答题游戏，一边给孩子逐步输入性知识吧。孩子们会很开心地回答我们的！聊了很多话题，我来总结一下重要的知识点，大家在孩子很喜欢阴茎的这个时期灵活运用吧。比如，孩子来给我们看阴茎的时候：

①不可以夸赞或贬低阴茎的大小（因为这是一个幼稚的问题）。

②告诉男孩子，在别人面前露出阴茎是违反礼仪的行为。

记住这两点，有机会就将关于男孩子身体的事情、礼仪的事情告诉给他们吧。然后，在家时，如果孩子说了令人尴尬的词，就开心地用"答题游戏"进行性教育吧。反复尝试，孩子也会慢慢开始用心地听，可以营造出易于全家一起进行性教育的氛围。

梦寐以求的胸部
喂！妈妈
我的胸部也会变大吗？
噗！
雄太的应该不会变大……
唉，我也想让我的变大！
你很喜欢妈妈的胸部吧？
不要老是说胸啦！
不是，我想要这么大的胸！
没变这么大，都是我不好……
什么杂志嘛

第二部分　男孩子和女孩子如此不同！
　　　　　来了解"外星人"男孩子的生理状态吧

遗失物
雄太
看这个！
什么？
这……
这是？
贵重物品！
成人杂志
贵重？
可以买一样你喜欢的东西！
之前在便利店，妈妈明明说会买给我的。
哎呀，今天妈妈带的钱不够，不能买这么贵的书啊！
对……对不起啊——
妈妈这样说，后来没有买……

第二部分　男孩子和女孩子如此不同！
来了解"外星人"男孩子的生理状态吧

同龄的女孩子明明都那么懂事啊，男孩子……

▼ 男孩子的心理年龄是同龄女孩子的『负2岁』！

男孩子和女孩子，即使同岁，心理发育也完全不同。

从高处跳下来呀，有个棍儿就得捡回家呀，与看不见的敌人战斗呀，总是动来动去呀……这就是男孩子。

与之相对，女孩子就是画画呀，过家家呀，写信玩儿呀，安安静静地做手工呀……

"我家儿子比同龄的女孩子幼稚，没关系吗？"

是不是很多妈妈都对空想模式的"外星人"男孩子紧张兮兮的？

这时候，请务必这样想——

男孩子的心理年龄是同龄女孩子的"负2岁"!

即使看着幼儿园或保育园中年龄相似的孩子,**心理年龄也是压倒性的女孩子更大。**

按时活动、遵守规则、听老师的话……女孩子好像什么都能做得好。

因此,即使在这个时期感觉到"我儿子好幼稚啊……",也不必担心。因为其他的男孩妈妈也一样,都在为"外星人"男孩子的生理状态头疼不已。

不过,这些情况,到了高中、大学,就会逆转!

比如,男孩子旺盛的好奇心会变成**"领导力"**,收集东西的收集癖会变成**"对事物的专注力"**,与看不见的敌人战斗会变成**"想象力"**。这些力量会转化为自信,成为步入社会的基石。

这样想的话,什么和看不见的敌人战斗呀,什么马上把内裤脱掉去玩儿呀，即使目前养育着这样令人头疼的"外星人"男孩子，也能稍稍放松一些了吧。

顺便说一下，因为女孩子比男孩子心理年龄大，所以女孩子呈现出的特点是像个"小大人"。

开始说"我好喜欢××"的，也是女孩子。

而且，因为女孩子会仔细地观察周围的人，所以比如朋友的妈妈怀孕时，女孩子可能会最先察觉，并提出"小宝宝是怎么来的呢？"这种令人紧张的问题。

另外，女孩子对"不同"很敏感，所以经常会提出"为什么我没有'小鸡鸡'呢？""为什么只有爸爸长胡子呢？""我的胸部什么时候能变成妈妈那么大呢？"等家长不好回答的问题。

虽然这可能会带来紧张的情绪，但是危机也是机会！

如果孩子问我们有关性的话题，不要逃避，回答他们吧。当然，在他们能理解的范围内就可以了。

实际上，在性教育中，有"仅有一次规则"。如果第一次，家长因为性的话题生气了，或者拒绝回答，那么孩子就不会问家长第二次了。

"性"是人的根基。正因如此，如果被否定，孩子会比问其他问题更心痛，更受伤。

这一点从反面来看，正是孩子喜欢妈妈的表现。

如果是我们不知道的问题，告诉孩子**"我不是很清楚，所以一会儿仔细查一查再告诉你"**也没关系。将问题的答案和你爱他这件事，一起传递给孩子吧。

孩子被家长接受的安心感，会发展成为相信自己的自我肯定感。

请不要忘记，**性教育不是禁忌，而是爱的教育。**

开明的性教育
内裤教室

体验谈 ①

**日本爱知县
小学 5 年级男孩的妈妈**

在我收到神户特产的时候，问儿子："神户是哪个县的县厅所在地吧？"儿子回答："啊——不知道，交尾（神户的日语谐音）的话我倒知道。"

在遇到"内裤教室"之前，我一定会说"交、交、交、交尾？"，对能联想到"性"的词做出异常的反应，可能会把性妖魔化，也可能会生气。

我在"内裤教室"学到了"性教育是性科学"。孩子既然已经充分了解了生命的形成，我就可以教育孩子，珍惜生命，温柔待人，所以我们从"交尾"聊向了生命的话题。

不知道"神户"，却知道"交尾"。我想："我家的性教育，进展得非常顺利了！"

感谢"内裤教室"！

第三部分 真的还早吗?
性教育,在小学低年级前
就开始吧!

『明早回家』中学生的

我去朋友家了……

啊?现在去吗?

明天早上回来——

你才上中学,不能夜不归宿啊!

烦死啦——

你该不会……

要去捉独角仙吗?

如果不晚上去,根本捉不到啊!

第三部分　真的还早吗?
性教育，在小学低年级前就开始吧!

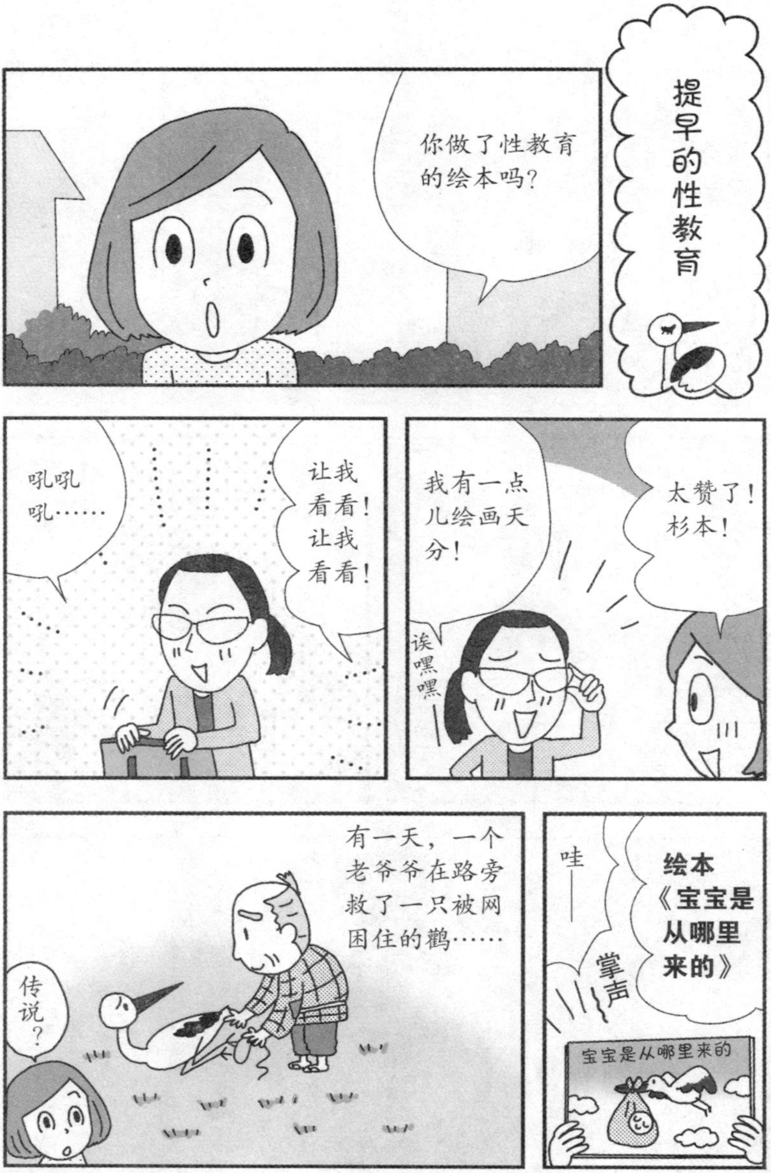

第三部分　真的还早吗？
性教育，在小学低年级前就开始吧！

在被说"烦死啦"之前进行性教育

▼ 进入青春期就晚了！

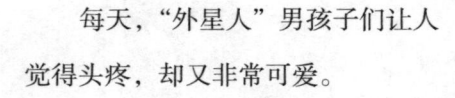

每天，"外星人"男孩子们让人觉得头疼，却又非常可爱。

但是，他们终究会不断成长，迎来青春期。也许，我们也迎来了被他们说"烦死啦""老太婆""吵死啦""恶心"之类的日子。

男孩子也好，女孩子也好，青春期的孩子们很容易对学习、友情、恋爱、身体的生长不知所措、烦恼或是不安。

因为某些事情不开心，就会在房间里不出来。不仅如此，青春期的孩子还会特别在意外表，早晨占据卫生间不出来；在外面非常在意

第三部分　真的还早吗？
性教育，在小学低年级前就开始吧！

别人的看法，容易感觉到被孤立或焦虑，在家又会恢复如初，或是突然变得不爱说话；试图批判家长……

青春期是从孩子变成大人的准备期，因此孩子们的内心里，真的非常忙！

当我回忆自己的青春时代时，就会想起当时自己与关系亲密的人也容易闹矛盾、起冲突，比如会疏远父亲、反感母亲的生活方式……类似的事情。因为我们也有过相同的时期呀。

这个时期的孩子，正在一边和家长对抗、和自己对抗，一边摸索自己的生活方式。

在孩子想要脱离家长束缚的青春期，如果再谈论起"性"的话题，孩子到底会有多抗拒反感……应该很容易想象吧。

说到这儿，青春期到底是从什么时候开始的呢？

根据日本产妇科学会的定义，**青春期为"8岁～18岁"**[①]　。

[①] 由于个体差异较大，各国并没有一致的年龄范围，我国通常把10岁～20岁统称为青春期。一般女孩子的青春期比男孩子早，大约从10岁～12岁开始，而男孩子则从12岁～14岁开始。

是不是觉得"好早！"，就是这样。想着他们还是孩子，慢慢悠悠地生活就好了。谁知不知不觉间，他们已经开始准备成为大人了。

女孩子从8岁～9岁开始，胸部越发饱满；男孩子从10岁左右开始，阴茎和阴囊会逐渐变大。这些，就是青春期的开端。当然，成长是因人而异的。不过正因如此，在一个班级中，有的孩子发育得早，有的孩子发育得晚，在这个时期孩子容易产生"羞耻心"和"不安感"。

为了帮孩子打消这种不安，在进入青春期前，**3岁～10岁开始进行性教育吧**。

就像漫画中画的，幼小的孩子很喜欢"大便""小鸡鸡""胸部"之类的词。**灵活利用幼儿期的特点，是性教育的铁律**。

另外，在孩子青春期前我们还应该做的非常重要的事情，就是对电子设备的看管。

第三部分　真的还早吗？
性教育，在小学低年级前就开始吧！

　　这个时代，已经和我们小时候完全不同了。不得不说一个巨大的变化就是智能手机和平板电脑的出现。现在，2岁～3岁的孩子就已经可以轻松使用网络了。孩子对着手机说"让我看看'小鸡鸡'或者胸部"的话，屏幕里会出现什么，我们大人非常清楚。

　　说起来，我也有真实的经历。女儿2岁的时候，在给她看一部全日本的孩子都会看的动画片视频时，屏幕上突然就直接跳出了少儿不宜的页面。

　　基本上，幼小的孩子在搜索或是看视频时，对世界充满了好奇。但是，跳出来的图片、视频，有可能是不堪入目的东西……

　　我们不可能一直跟在孩子身边。所以，如果还保持以前的"在学校性教育"的想法，那么孩子们的性知识可能就会误入歧途。

　　再见，旧有的性教育，迎接新时代的性教育！

　　举个例子，我建议大家**搜索孩子们经常说的低俗词汇，看看会跳出什么呢？**只要把握住网络中的世界，我们的心理建设工作也能随机应变。

「可怕的叔叔」

你回来啦！

我回来了！

嗯？

在回来的路上，有个叔叔……

怎……怎么回事？

啊，刚刚太可怕了！

一直往我这边看。

啊？色狼？

第三部分 真的还早吗？
性教育，在小学低年级前就开始吧！

变态是什么？
爸爸，变态是什么？
太难……
变态！
什么？
我知道
男孩子可能也会遇到变态噢！
我的同学正人刚刚说的……
我知道！
变态就是……
しくしく…
脸色难看穿着铠甲站着的人！
那个是铠甲武士啊！
问了妈妈

第三部分　真的还早吗？
性教育，在小学低年级前就开始吧！

看不到的地方很危险啊

▼ 让我们培养出有安全意识、能自我保护的孩子吧!

"给你块糖,跟我走吧!"

"能告诉我车站在哪里吗?"

"我有很多超酷的玩具!"

如果有不认识的人这样跟您的孩子搭话,您的孩子会有什么反应呢?

孩子们是非常禁不住诱惑的,他们也非常想要助人一臂之力!

正因如此,孩子们会非常单纯地帮忙或跟着走。

当然,跟着走是不对的,这一点孩子们从幼儿园、保育园或小学,或是妈妈那里都学过。

但是,跟着走会到什么地方呢?

第三部分　真的还早吗？
性教育，在小学低年级前就开始吧！

实际上，谁也没有教过孩子有关"那个地方"是哪里。不知道的事情，就不会有危机意识。

因此，我希望您最先教给孩子的是**以预防犯罪为目的的性教育**。

告诉孩子，每个人**身体上有只属于自己的重要部位，不能触摸别人的，也不能被别人触摸**。

将这一点有效传达给孩子的方法，在"第一部分"中已经告诉大家了，还记得吗？

对，就是"泳衣覆盖的部位"。

重要的事情反复说，在教给孩子相关内容时，**让孩子想象**，这点很关键。

近年里，我给几万人讲过有关性教育的知识。其中，家长们纷纷反馈孩子最容易理解的就是"泳衣覆盖的部位"这个关键词。

所谓"泳衣覆盖的部位",就是如下内容:

- "嘴"和"藏在泳衣里面的地方"
- 男孩子和女孩子需要保护的部位,都是嘴、胸、生殖器、屁股

"泳衣覆盖的部位"这个关键词,用起来真的非常方便!

可以在提醒女孩子注意"穿着裙子要将双腿并拢"的时候使用。

如果是男孩子可以告诉他:"朋友之间开玩笑,互相摸一下'小鸡鸡',是不可以的。因为'小鸡鸡'是泳衣覆盖的部位,也是有'生命的种子'的地方"。

这样,就可以教给孩子判断"可以做的事情""不可以做的事情"的界限。

让孩子想象并理解,无论是自己还是他人,都有非常重要的部位,这便是防范教育的起点。

第三部分　真的还早吗？
性教育，在小学低年级前就开始吧！

　　比如，如果孩子明白了"身体被其他人触摸""被强行亲吻"这些都是不对的，那么逃跑或提前防范，就都是可能的。

　　性犯罪，是在非常近身的位置发生的。在幼年遭受伤害的人群中，有很多事件都是在当事人成年后才察觉到的——"之后回想，那可能是性侵害吧"。

　　根据日本内阁府的调查，在一生中，平均每 60 名男性中就有 1 人，每 13 名女性中就有 1 人遭遇过性侵害。

　　并不是"我的孩子没问题"就行了，而是不能让我们心爱的孩子成为被害者或是加害者！将正确的性知识作为护身符送给孩子吧。

长大的标志
喂，你长体毛了吗？
小学生时期的爸爸
讨厌，肯定是长了呀！
啊？难道还没长吗？
乌漆墨黑的呀！
我嘛，是黑洞级别的！
大——大猩猩级别……
太厉害了吧！

第三部分　真的还早吗？
性教育，在小学低年级前就开始吧！

成长纪念

我……稍稍长出一点儿体毛真是不好意思啊。

啊?

啊?

啊?在哪儿呀?

别这样啊!

没有啊

哈哈哈哈哈哈

真的?让我看看!

我明明那么珍惜……

所以,大家都在找牧田有纪念意义的一根体毛。

嘻嘻嘻……
祝贺什么？
哇！蛋糕？
祝贺你啊！
祝贺你啊！
祝贺你长出体毛！
祝贺你啊，和树！
真是的，我都说了别那么做……
哇喔
全都烧光！
闲人免进
召唤魔兽！现身吧！
第二天之后，和树就得了“中二病”。

这是迈向成人的一步
长出体毛的男孩子都生机勃勃的，

▼ 预习一下吧！青春期男孩子的生理状态

男孩子的青春期，从10岁左右开始。

阴茎和阴囊整体变大，就是青春期的开端。之后依次会长出阴毛，首次遗精，变声，开始长出胡须。

首次遗精是指第一次从阴茎射出精液。虽然有个体差异，但都会在这期间出现，早的在小学3年级，晚的在高中。

"明天迎接首次遗精！"这类准备是不可能的。因为没有明显的信号，所以男孩子的成长很难真切地察觉到。

这个时期，**男孩子自己也跟不**

上急剧变化的身体，心理上会出现混乱与不安。

其中，比较集中的问题是以下两个。
"异味"问题！及"体毛"问题！

首先，讲解一下有关"异味"的问题。
到了青春期，汗液的分泌变多，所以建议妈妈给孩子准备擦汗湿巾或是去味喷雾。
可以一边说着**"这是大人喜欢用的东西"**，一边交给孩子。

另外，"体毛"不管是浓还是淡，都是烦恼之源。
阴毛刚开始生长，就会感叹稀疏的体毛真是尴尬……
长就长吧，还会感叹长了体毛真难为情……
男孩子，真是意想不到的玻璃心。

而且，男孩子比女孩子更不善于应对变化。

事先教给孩子，"伴随着成长，身体会迎来哪些变化呢？"帮助孩子做好心理准备吧。

这之后，还有一点。

"不论什么样的你，都非常帅！"

请将这句魔法咒语，从孩子很小的时候就开始反复说给他听吧。

在某个时间，青春期必将到访。

反复聆听这句魔法咒语会带给孩子自信和安全感，这将会成为他们心灵的营养源。

并且，这咒语还能守护烦恼多多的青春期孩子，让他们远离不安！

第四部分

接下来,开始性教育吧!
性教育的精髓——
洗内裤!

我想说！我想说！
屁股！
小鸡鸡！
屁股！
小鸡鸡！
快别说啦！
气到颤抖
也许你们两个人很开心，但是周围有很多人不想听到这些话！
会给别人添麻烦的！
真的是添麻烦啊！教我家幸树说那样的话！
什么？
幸树之前就说过的，“小鸡鸡小鸡鸡”地说！
才没说过“小鸡鸡”什么的！
打扰一下……
小鸡鸡
小鸡鸡
小鸡鸡
会给周围人添麻烦啊，所以……
啊！真是对不起！
又是住宅区……

第四部分 接下来,开始性教育吧!
性教育的精髓——洗内裤!

『性骚扰』的男童

Wine Café
那个“性骚扰”的男童后来还好吗？
如常的闺蜜团
啊！
他说：
“我不会再摸老师的胸了！”
啊？
还和其他孩子说：
“不可以再摸老师的胸了！”
太厉害了！
但是无论如何都想要摸的时候就跟我说！
我来替你们摸！
他说……
不仅“性骚扰”，还“权力骚扰”！
槽点还真多啊！

第四部分　接下来，开始性教育吧！
性教育的精髓——洗内裤！

抓住机会进行性教育吧
孩子说屁股、小鸡鸡时,不要烦恼,

▼ 发现性教育话题的切入点

那么,我马上要告诉大家进行性教育的具体要点了。

开始性教育的最佳时机,是3岁~10岁。

首先,孩子能听懂家长说的话是进行性教育的大前提。3岁~10岁,这个男孩子最喜欢说"屁股""鸡鸡""胸"等词语的时期,也是性教育的绝佳时期。

以他们很喜欢的这些词语,作为性教育的切入点吧!

他们在说这些令大人尴尬的话时,丝毫不带有卑鄙猥琐的感情色彩。

男孩子与女孩子相比，相对来说词汇较为贫乏，这也是发育过程中的显著特点之一。正因为会用的词少，所以男孩子经常使用大家都会投来激烈反应的词汇，以此来吸引别人的注意。

对于男孩子来说，令人尴尬的词汇，真的很有魅力。

如果男孩子们聚在一起，很可能会一边说着"屁股""鸡鸡""胸"，一边哈哈笑着跑来跑去。这样就能开心不已的，就只有"外星人"男孩子了。

另外，3岁～5岁的男孩子中，有80%的孩子都问过生命的起源或性有关的问题。

"小宝宝是怎么生出来的呢？"

从这种直接的问题，到

"妈妈，可以和我结婚吗？"

等这种可爱的问题都有。有很多妈妈来向我咨询孩子在这一时期浮现出的种种问题。

如果孩子说起了"屁股",那么就可以问他:

"便便是从哪儿出来的呢?"

"屁股。"

"那么,屁股上有几个洞呢?"

"2个!尿尿的洞和大便的洞!"

"如果长大了,尿尿的洞里也会有别的东西出来。你觉得是什么呢?"

"……不知道。"

"是精子,它是'生命的种子'!"

性教育的话题,是由孩子发起的。

"越早越容易说出口的就是性教育。"

这是众多养育青春期孩子的家长一致赞同的观点。

虽说如此,从孩子小的时候开始进行性教育这件事,有些家长也会产生少许疑惑。

众多妈妈担心的理由之一是,"和孩子讨论这个话题,不会导致他在公开场合说令人尴尬的话吗?"家长也许会害怕地说:"饶了我吧!"

实际上,有办法能让孩子不在公开场合说一些令人尴尬的话。**这时候,就轮到"泳衣覆盖的部位"上场了!**

"在外面,屁股、鸡鸡、胸这样的词,可能会让人尴尬。泳衣覆盖的部位的词语,就只在家里说吧。"

只需要像这样告诉孩子,孩子就能很好地理解"有可以说的地方,有不可以说的地方"。

我认为在家中的时候,可以给孩子一点儿自由。

作为性教育的切入点,请以平常心来看待孩子的各种行为吧!

因为这些正是孩子们释放给我们的"开始性教育"的信号。

原创歌曲♪
啊，你写了首歌吗？唱唱吧！唱唱吧！
不好意思啊！
扭扭捏捏
唱一唱吧！妈妈给你拍视频！
那好吧！
呜——
我的“小鸡鸡”啊，可爱的“小鸡鸡”啊——
被波涛无情拍打，严冬中的“小鸡鸡”。
海鸥的“小鸡鸡”也一览无余啊，嘿呀嘿呦！♪
啪——啪
虽然这也算个了不起的才能……
不过怎么有点……

早熟的正人
我知道比屁股、鸡鸡还厉害的词！
哼！
是什么，正人？
衬……衬……
衬裤！
哇啊？
是什么？
是一种女士内衣！
嘻嘻嘻
睡裙！
哇啊？是什么？是什么？
也是一种女士内衣！
咦嘻嘻嘻
哎呀！正人太厉害了！
正人是跟着奶奶长大的。
奶奶，今天吃什么点心？

自己洗内裤
妈——
妈——
失落……
内裤脏了——
呜呜呜……
没关系，可能是因为肚子不舒服吧？
直接去洗澡吧。
对了，自己试着洗内裤吧！
我要洗！我要洗！
试试看吧！
我可以！
倒是把内裤脱下来洗啊！

遵守约定的雄太
哎——
雄太，怎么没精神啊？
老师。
我呀，不说屁股、鸡鸡了。
和妈妈约定了的！
是吗？
虽然想说得不得了，也只能忍着！
雄太太棒了！
滑落
但是把“小鸡鸡”露出来好吗？
那个又没有约定！
要露出来！

内裤要自己洗！这是常识

▼ 让孩子自己洗内裤吧！

刚开始的时候，家长很难制造出谈论性的时机。

因此，我给出的方案是，**让孩子养成在洗澡时洗内裤的习惯**。

建议由此开始性教育。

下面，我将根据孩子的不同年龄，说明如何制造"洗内裤"的机会。

2岁～3岁

与如厕训练时期重叠，所以就带脏了的内裤去洗澡吧！

内裤脏了，就自己拿着内裤，放进盆里，把这个流程教给孩子吧。

3 岁以后

特别是男孩子，在这个时期会频繁出现大便后擦不干净，或是尿出一点点小便的情况。在去洗澡的时候，请让孩子自己洗内裤。这时，就是性教育的机会。

"你也会在不久之后，声音变得更低，身材变得更健硕的。妈妈很期待呢！"

"女孩子会有生理期。"

"为什么会长出体毛呢？"

诸如此类。

有很多可以一边洗内裤一边聊的话题。

父母最大的责任，就是让孩子自立，让孩子拥有步入社会所需的能力。

将来，孩子因为梦遗或手淫弄脏内裤的时候，如果他从小就养成了洗内裤的习惯，并且和父母谈论过首次遗精的话题，那么这些积累就都会发挥作用。如果，作为家中不成文的规定，孩子从小就自己洗内裤，那么将内裤和其他衣物晾在一起，也不会觉得不好意思，对吧？

因此，这是迈向自立的一大步。

有一句名言是"罗马并非一日建成的"，性教育也一样！

性教育也并非一日完成的！

大部分妈妈都是说了一次就满足了，也松了心，但令人无奈的是，**男孩子啊，只说一次，基本是记不住的。**

经常会出现妈妈没能很好地将性教育的知识传达给孩子的情况，对吧？

第四部分　接下来，开始性教育吧！
性教育的精髓——洗内裤！

没能很好地传达给孩子是正常的，不可能一开始就做得完美无缺，请将谈论性话题的标准降低一点儿吧。

将性话题简单化的关键，说到底就是习惯！仅此而已。

每天谈论一点点性话题并形成习惯，是将相关知识传递给孩子的唯一捷径。关于生命、身体的变化、异性、恋爱、性行为、避孕、生理期、初次遗精……每天一点点，帮孩子积累知识吧。

别担心！孩子们会充分接受的。

万一，孩子说"不想听！"，也不要气馁。突然聊起这个话题可能会让孩子有点儿吃惊。谈论5次以后，孩子就会好奇地问个不停了。

到那时，请务必记得再追加一句**"妈妈好爱你啊！"**

你会发现，谈话氛围瞬间变好，性教育也能在家庭中顺利开展了。

不是受伤！
啊！妈妈，你出血了！
疼不疼？哪里割破了吗？
没关系，这个是生理期……
那个……
爸爸！妈妈出事啦！
啊，等一等！
不过爸爸会帮我跟孩子解释吧。
啊……那个嘛……
没事儿的，不是受伤……
无论如何请尽快赶来，我太太受伤严重！
一脸恐慌
你做什么了？
不是妈妈出事了吗？
呜哇
滴嘟滴嘟

『小宝宝的床』
那个呀，每个月一次，妈妈要更换肚子里的“小宝宝的床”。
啊？
小宝宝？
虽然现在肚子里没有小宝宝。
什么嘛！
好失望啊！
妈妈要将“床”打扫干净，随时准备迎接小宝宝的到来。
因为是换“床”，所以这个流血是不疼的。
太厉害了！
为什么爸爸反应最大？
但是生理期的时候，不可以下海游泳！会被鲨鱼袭击的！
呀——
混入多余的信息会适得其反的！
气死了

妈妈的安心理论
那我也会有生理期吗？
当然啊。
啊，不要啊！
我也会有吗？
雄太不会有。
太棒了，我赢了！
跟输赢没关系！
生理期是女孩的身体为长大成人所做的准备。
虽然刚开始的时候会有点不安。
妈妈也会吗？
不过只有刚开始的时候。
你试着想象一下，几百万年前人类刚诞生的时候。
啊？

第四部分　接下来，开始性教育吧！
性教育的精髓——洗内裤！

出血不是受伤了，而是生理期

▼「洗澡」和「坐私家车」是性教育的好机会！

是不是有的妈妈会把生理期的到来隐藏起来不让男孩子发现？比如不在卫生间放置卫生用品垃圾桶，生理期的时候让爸爸代替和孩子一起洗澡，等等。

实际上，这是徒劳无功的。

就像对母亲来说，男孩子的身体是未知世界一样，**对男孩子来说，女性的身体也是未知世界**。即使在小学时，学校会简单地教授孩子有关于生理卫生的课程，但也仅限于表面知识。

我们都希望培养出，将来与恋人或结婚对象相处时，能珍惜伴侣的孩子，对吧？

第四部分　接下来，开始性教育吧！
性教育的精髓——洗内裤！

为了实现这个愿望，妈妈的生理期，就是绝佳的教育机会！

女孩子的身体与男孩子不同，有生理期。

虽然会流出经血（血液），却不是生病或受伤。

为了将来怀孕生子，每个月身体都要做准备。

生理期时，身体会出现多种轻微不适，希望被温柔呵护。

需要使用卫生巾来吸收经血。

我不希望你成为拿生理期开玩笑的孩子。

……

请妈妈将想到的有关生理期的事情说给孩子听。

这些都会帮孩子确立重视异性的态度。

男孩子都非常喜欢妈妈！

非常喜欢的妈妈告诉自己的话，会成为孩子人生的剧本。

想要美好的剧本呢，还是想要遗憾的剧本呢？如何撰写，都取决于妈妈！

实际上，充分了解生理期的男孩子，到了小学就能说出"妈妈，你到生理期了吧？今天好好休息。晚饭我来做。""我将来也会这样照顾我的妻子呢。因为有生理期，才会生出我们呀。"仿佛"意大利绅士"所说的那样温柔的话。

听过我讲座的妈妈们都说："告诉了男孩子生理期的事儿，真是太好了！"开心的反馈不绝于耳，说不定她们都听孩子说了这样甜蜜的话呢！

顺便说一下，男孩子是不能安静不动的生物。

尽管妈妈鼓足勇气想要聊一聊性的话题，刚起了头说"那个……"，但是孩子已经跑没影儿了的情况也是时有发生的。

因此，和男孩子谈论性的

第四部分　接下来，开始性教育吧！
性教育的精髓——洗内裤！

话题，**建议选在洗澡时或坐私家车时。**

没错，理解力强的人应该马上就能想到理由了！建议在洗澡时或坐私家车时来说的最大理由是——逃不掉。

对了，和青春期的男孩子对话也建议在私家车中进行。面对面注视着对方不好意思说的话题，都可以在车中不用面对面地说出来。

孩子自己也明白，家长要跟我说重要的话了。但因为害羞，所以想要逃跑。

正在养育男孩子的妈妈们！请一定利用洗澡或坐私家车的机会！

另外，一说到这个话题，就经常会被提问"和儿子一起洗澡，到他多大合适呢？"。前面写到了，男孩子 10 岁开始进入青春期，从这时就会开始出现用性的眼光审视女性的倾向了。孩子到了 10 岁，是摆脱母亲自立，探索自己身体的时期。**最晚 10 岁，在 2 年级结束前，和妈妈一起洗澡这件事，也毕业吧。**

为孩子创造习惯一个人的时间，也是父母的责任！

开明的性教育
内裤教室

体验谈 ②

日本爱知县
小学 1 年级男孩的妈妈

"万般奇迹才造就了你呀，因为你的存在，我感到无比开心，真的很感谢你呀！"通过在"内裤教室"的学习，这种类似"感谢你做我的孩子"的心里话，我都能自然地告诉孩子了。

长子心满意足的时候，会跟我说："能做妈妈的孩子太好了。你能做我的妈妈太好了！"而且有关性或防范犯罪的话题，孩子也跟我说："谢谢您教我这么多。"我非常开心，孩子说："我的妈妈是能教我很多知识的人。"孩子还说："妈妈为了我学了那么多，谢谢妈妈！"

想不到孩子能有这样的反馈，遇到"内裤教室"之前，我也不知道在害怕什么。从幼儿到小学时期的孩子是非常单纯的。父母为孩子着想的心情完全可以传达给孩子。

开始认真进行性教育之后，亲子关系也变得非常好！

第五部分 有关性的事情,
怎么和孩子讲呢?
"想告诉孩子的话"
"不能说的话"

生日快乐 6

雄太,Happy Birthday! 祝你生日快乐!

嘿嘿嘿……

礼物呢?

是你一直想要的游戏!

太棒啦!

爸爸已经玩儿上了

咚 不好

住手

因为爸爸也一直很期待这个游戏嘛!

没有什么"因为"!

好了,爸爸,我们一起玩儿吧?

可以吗?

第五部分　有关性的事情，怎么和孩子讲呢？
"想告诉孩子的话""不能说的话"

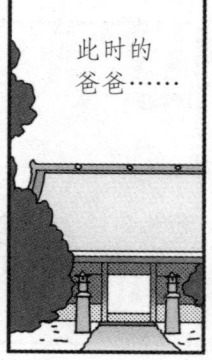

扫墓的日子

那么……

墓穴里面，睡着我的太爷爷、太奶奶和更久以前的爷爷奶奶吗？

是的。

真厉害呀！生命一直在延续！

妈妈，谢谢你生了我们！

妈妈才应该说谢谢，妈妈好爱你们呀！

一把搂住

此时的爸爸……

好烫！太烫了！烫死了！

正在和线香战斗

这小子最不靠谱……先祖

呼

小时候的照片
妈妈，给我看看我小时候的照片吧！
啊？
看，多可爱！
好可爱啊！
我当时特别特别可爱吧？
你当时比其他孩子都可爱！不对，你现在也比其他孩子都可爱！
照顾小宝宝非常辛苦吧？
嗯，是啊。
虽然当时非常辛苦，但是现在都已经不记得了。
只记得你非常可爱！
抱紧！
因为有你做我的妈妈呀！
啊哈哈哈
我会经常说“给我看看照片”的。

生日——新生命诞生的奇迹之日

▼ 想要再次思考，性教育的真正目的

"是不是怀孕了？"

有这个感觉的那天，第一次确认胎儿心跳的那天，你还记得吗？

有人为腹中新生命的到来感动不已。

有人为突增的重大责任焦虑不安。

每个人，都有各种不同的感受。不过我想，正在看这本书的众多的妈妈，第一次怀抱自己的孩子的时候，一定会默默祈祷："**希望你永远幸福！**"是这样吧？

那么，你的孩子，现在，真的

第五部分　有关性的事情，怎么和孩子讲呢？
"想告诉孩子的话""不能说的话"

幸福吗？

日本内阁曾对包括日本在内的 7 个国家（韩国、美国、英国、德国、法国、瑞典）的 13 岁～ 29 岁的年轻人进行了调查。调查结果显示，其他国家约 80% 的年轻人回答"对自己很满意"，而日本的年轻人中，回答"对自己很满意"的仅有 45%。**日本年轻人的自我认同感出奇的低。**

现在的日本，具备孩子可以一个人出去玩儿的安全程度，拥有所有人都能上学的教育环境，24 小时都能买到食物，可以说，是世界最幸福的国家之一，却有这样的调查结果……

对自己满意、能爱惜自己的人，才能珍惜别人。但是，在重视个性的 21 世纪，总是和他人比较、忽视自己的年轻人越来越多。

为了能培养出珍爱自己的个性，也能尊重别人的个性的成年人，首先，家长必须要告诉孩子"我们很爱你，并认为你非常重要"。

这里有一个关键点。

那就是，不能光是"想"，而是**要让孩子能真切感受到你传达的爱意。**

比如，孩子的生日。

"我第一次看见爸爸哭的样子，就是在你出生的时候。"
"在你出生前，奶奶祈福的时间比别人都长，虔诚祈求你能健康出生。"

讲述与出生有关的小插曲，生日时是绝好的机会！
另外，如果你不好意思说"我爱你""好喜欢你"这样的话，那么请在每天睡觉前跟孩子说："谢谢你做我的孩子。"这句话，也会让孩子感觉自己沐浴在爱意中。

第五部分　有关性的事情，怎么和孩子讲呢？
"想告诉孩子的话""不能说的话"

特别是需要给男孩子建立自信。

"我是在热切期盼中诞生的"，这样的真切感受，是培养自信和自我肯定感的重要一步。 然后，自信、自我肯定感会演变成珍惜身边的人，也会成为主导自己人生的力量。

任何人，都想被需要呢。

另外，据说紧紧地拥抱在一起，双方都会释放让人产生幸福感的多巴胺、内啡肽、血清素、催产素等激素，便能拥有无比的幸福感。

也建议大家多多尝试肌肤接触，比如按摩或手指游戏等，亲子共同减小压力。

如果家庭能成为最安心的港湾，男孩子便能安心、自立地独立成长。

变大了
雄太，起床啦！要迟到啦！
啊？
呼～
妈妈不好啦，雄太的“小鸡鸡”变大了！
什么？
没事儿，那是正常的，不用大惊小怪……
快来！
当一当
也太大了吧！
讨厌啦……
被吵醒——
哈——
我把早上要穿的衣服焐热啊——
掀开
不要放在那种地方焐！

改不了的习惯
啊？
县知事选举
6月20日
他是我的年级同学。
冈田学
真的？当了议员吗？
太厉害了呀！
学习很好，还是学生会会长。
但是总是摸裆部。
咔哧咔哧
被起外号叫“咔哧咔哧”。
啊？
为什么？
说起来……可能是习惯了吧，或者是痒吧。
没有，我没有摸！
谁说的！
咔哧咔哧
到现在好像都没变……
冈田学
真是有年头了呀！

并不是做坏事

对啊！对啊！

啊？自，自慰行为？

啊，你们对它有误解！

那样不行吧？

在幼儿园吗？

对的！

什么意思呢？并不是有欲望然后自慰？

与大人的自慰行为不同，没有性的含义。

嗯，
不过说话方式很重要。
但是……
还是制止比较好吧？
毕竟在人前……
因为他们不认为这是不能做的，所以有的孩子在幼儿园也会做出来！
对孩子来说，只是单纯的“舒服的事情”。
与掏耳朵或挠肚皮什么的一样。
哈哈
挠一挠
恐惧的心情会深埋在孩子心里。
这样不对！
老师会生气的。
吓一跳！
如果这样说，
快停下！
你在干什么！
好啦！
不要说多少年啦！
不愧是做了10年老师的人！
啊——
真是学习了！
这样才是比较好的指导！
在幼儿园不要这样做，
如果沾染上细菌是很可怕的，
快去洗手吧！

适度就好了做出自慰行为也没关系，

▼ 不要说『脏』！自慰也是理所当然的事

我至今指导过的13000位妈妈提出的问题中，最多的就是自慰问题！

关于这个话题，虽然妈妈们的叫法各不相同，自慰、手淫、自我满足等等，但该如何面对孩子并给予正确的指导，对每位家长来说都是难以逾越的障碍吧？

幼小的孩子摸着自己的重要部位，犹犹豫豫的样子，家长看到了吓一跳是很正常的。这个时候怎么做才是正确的呢？妈妈们一定伤透了脑筋吧。

我要告诉大家的是，**幼小的孩**

子即使做出自慰行为,也是完全没有问题的。

小孩子的自慰行为与青春期以后的不同,只是因为感觉非常舒服才做出来的动作,其中没有任何性的含义。

这是孩子正常成长过程中的一种小习惯、小癖好。

就算是大人,感觉舒服的事情如果被强行打断,也会很不爽吧?

摸一摸自己的身体就会感到舒服,与微风拂过脸庞感到舒服是一样的。绝不是什么丢人的事情。

相比大人,孩子对"舒服"的感觉更加敏感。幼小的孩子们,也在探索自己的身体。

自慰是"性情"中非常重要的事情。

从小时候开始就开诚布公地谈论此事,也将成为孩子了解自己身体的好机会。

另一方面，需要注意的是，如果家长对此抱有厌恶感，加以批评、否定，那么孩子在今后的人生中，也可能会对自己感到羞耻，甚至是自我厌恶、抱有罪恶感。

自己的身体上，没有自己不能摸的部位。因此，自慰行为本身并不是问题。

如果只提一点建议的话，最重要的便是认真告诉孩子**"不能在别人面前摸"**。幼小的孩子们还不能完全意识到身边的情况，所以这一点就由家长教给孩子吧。

如果，你恰好看到了。

"很舒服吧？泳衣覆盖的部位能在别人面前摸吗？"

可以这样明确地问问孩子。

另外，"最好在床上或者卫生间，只有你一个人的地方"，这样事先告诉孩子适合自慰的时间和地点也是一个要点。

第五部分　有关性的事情，怎么和孩子讲呢？
"想告诉孩子的话""不能说的话"

像这样，一边告诉孩子有关性的知识，一边给孩子讲"如果别人也想要看一看、摸一摸你被泳衣覆盖的部位，该怎么办"，告诉孩子防止侵犯相关的知识，效果会更好。

这样不仅为孩子们建立了与性相关的意识，还能在就要被别人摸的时候，分辨是否是危险的行为。可以说是一箭双雕。

不过，遗憾的是，我们面对的是"外星人"男孩子们——**走3步就会忘记的生物**。请反复讲给他们听吧。

另外，孩子在紧张的时候、想要放松的时候，会自然地伸手去摸"小鸡鸡"，或是因为"小鸡鸡"在裤子中的位置问题，也可能经常去摸，这些情况在本书第18页已经告诉大家了。

这个年纪的男孩子的事情，请睁一只眼闭一只眼吧。

反抗期女高中生
妈妈不要素颜外出，
太丢人了！
女儿竟然这么说啊！
过分……
我记得你家姐姐是女子高中的学生吧？
完全处在反抗期啊，不跟我好好说话。
因为很生气，所以我今天是素颜的。
不是很好吗！
多自由呀！
这么一说……你是大木吧？
是大木吗？
化妆的大木
我是大木啊！

黄头发的志愿者
啊——
在养老院当志愿者？
哎呀，好厉害！
真是好孩子哈！
虽说外表看着不怎么正经呢……
烦死了
黄头发
耳钉
不能以貌取人！真是个温柔的孩子呀！
但意外的是，真的因为外表被指责了。
啊？太过分了！
养老院的工作人员吗？
是老人。
你那个是什么头发！
外表那样，做事肯定也乱七八糟的！
说说你呢！说说你呢！
苛刻的老爷子……

机会1
学长，我……
喜欢你！
啊——
我也……
真的吗？
可以……亲一下吗？
什么！
没错！现在正是机会！
性教育的机会！
啊……
那么，选哪道题呢？
啊……
关于10岁的性冲动。
这也能问？

第五部分 有关性的事情，怎么和孩子讲呢？
"想告诉孩子的话" "不能说的话"

到了反抗期再进行性教育就晚了

▼ 与青春期、反抗期男孩子的沟通方式

与年幼的"外星人"男孩子沟通，已经非常困难了，再加上与青春期的孩子间的距离感，沟通更是难上加难。

"因为一点点小事，马上就翻脸了！结果他一转脸就消气了，或者又来撒娇了……到底在想什么？完全搞不明白！"

经常有妈妈向我咨询这样的烦恼。

经历孩子的青春期，也许是每个家长都要走过的一段路，非常艰辛。

第五部分　有关性的事情，怎么和孩子讲呢？
"想告诉孩子的话""不能说的话"

当你终于发现"孩子都不会拉着我的手了呢"，被孩子们的感情牵着鼻子走的青春期，马上就会到来！

"喂喂喂！妈妈什么时候能松口气啊——"

我想，你一定想要这样呐喊过吧。

嗯，世界上的妈妈们，真的非常伟大！

总是读不懂男孩子的行为。

突然有一天，他染了头发、尝试吸烟……非常遗憾，以本能行动的"外星人"般的属性会保留至青春期。

烦躁的情绪也越来越多了对吧。

为了帮助孩子顺利度过青春期，请在他的青春期到来之前就跟孩子科普大量的性知识吧！比如，关于身体的变化，关于男孩子与女孩子的身体的不同，保护自己、远离性犯罪，照顾他人的心情，等等。

事先了解这些知识，真的非常重要。

在小学的课程中，尚未使用"性""避孕""避孕套"这样的词汇，也几乎没有机会谈论有关性犯罪的事情。

即便是男孩子，也可能遇到性犯罪。

又或者，没有相关知识的话，在未成年阶段也可能造成毫无防备的妊娠……

这些，都是因为没有性知识酿造的悲剧。

作为家长，视若珍宝的孩子遭遇这种人生，是完全不能接受的吧？

为了防止这些事的发生！从孩子小时候就开始的性教育，一定要继续下去。

妈妈的心情，请从孩子小时候开始就尽可能直接地传达给孩子吧！

如果孩子说出"小宝宝真可爱啊"，请对他说：**"我希望你能成为珍爱生命的孩子。"**

如果听到孩子说出瞧不起妈妈或女孩子的话，请对他说：**"我希望你能成为照顾女孩子的男孩子。"**

如果出现了性犯罪的新闻,请对他说:**"我希望你不要成为这样伤害别人心灵和身体的孩子。"**

就这样一句一句地说,即使简单也没关系。越重要的事情越简单地说,是向孩子有效传达的要点。

性的话题,防范犯罪的话题,可能会有点儿难以启齿。但是能为孩子指明正道的人,只有家长。

父母们都有类似的烦恼,也有着让孩子幸福的共同希望。让我们一起,试着拿出一点点勇气吧。

顺便说一下,作为应对进入青春期的孩子的对策,非常重要的一点就是把他们当作**"一个大人"**来看待。10岁以后的孩子,讨厌被大人看成小孩。尝试用礼貌而正式的言辞,跟孩子宣布:"从现在开始你就进入大人的阶段了,我要跟你说一些非常重要的事情。"**青春期以后的关键词不再是"快乐",而是"认真"**!

开明的性教育
内裤教室

体验谈 ③

一天，从幼儿园回来的长子非常骄傲地说："妈妈，我今天学到了超棒的东西！"我兴奋地一问，他大声回答：

"SEX！"

事发突然，我迅速关上了窗户。

为什么幼儿园的小朋友会知道那样的词呢？我慢慢地问，

他说："ONE、TWO、THREE、FOUR、FIVE、SIX、SEVEN……"

原来是把英语单词的"SIX"错说成了"SEX"。

我亲身体验到了，孩子的惊人发言，真的会在某一天突然到来。

在"内裤教室"学习性教育至今，这件事也成为一个小插曲让大家会心一笑。

第六部分

谁家的孩子都一样!
如何回答孩子提出的
"惊心问题"

珍贵的相册
photo
哇！这样的相册自己就能做吗？
太漂亮了！
选择照片后，在网上申请就可以了！
好厉害啊！
给我看看，给我看看！
太棒了！
全世界唯一的相册啊！
我要做一本熊仔的“鸡鸡”写真集啊！
然后拿去卖！
肯定不行啊！

第六部分 谁家的孩子都一样！
如何回答孩子提出的"惊心问题"

男孩子和女孩子都
会关注『那个』
盯住——
为什么晴菜没有，而爸爸却有“鸡鸡”呢？
爸爸——
爸爸会害羞的呀！
哎呀！
别，别那样看着呀！
怎么了？
要怎么回答才好呢……
不假思索地隐瞒实情……
什么？
爸爸也想知道！我们一起来寻找答案吧。

第六部分　谁家的孩子都一样！
如何回答孩子提出的"惊心问题"

包茎，自己扒一扒

▼ 阴茎的清洁和护理常识

写有关男孩子养育方法的书有很多，不过总是被遗忘的就是"小鸡鸡"的话题。

其中，特别是到了青春期，男孩子不为人知的烦恼，也是焦虑不安的事情，便是包茎问题。

虽然平常"小鸡鸡"也许成为不了一个话题，但是还是**有很多妈妈非常关心包括"包茎"在内的阴茎护理的问题**。

"孩子3岁体检的时候，医生说：'请给孩子扒开清洗！'但是，怎么洗好呢？"

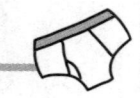

第六部分 谁家的孩子都一样!
如何回答孩子提出的"惊心问题"

"我想扒开但是扒不开。"

"看着很疼……"

"应该做手术吗?"

"妈妈给孩子扒开洗,这个行为到什么时候合适呢?"

……

妈妈有各种各样的烦恼。

问爸爸的话,就只有一句"不用管它"……

"到底怎么办才好啊?"走投无路的妈妈比比皆是。

因此,我在这里总结出**最低限度需要了解的阴茎护理常识**。

首先,我希望大家知道的是,刚刚出生的婴儿都是包茎的。这个时期,重要的阴茎被包皮覆盖着。随着生长发育,阴茎可能"挺身而出",包皮自然被扒开。

因此,请区分青春期之前的包茎和青春期之后的包茎。

真性包茎

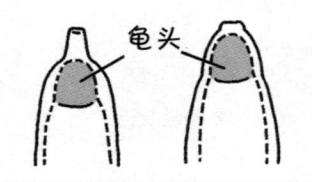

龟头

即使将包皮向下撸也不能扒开，无法露出龟头。

假性包茎

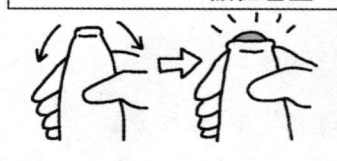

用手向下撸，有的龟头出来一点，有的不出来。

有各种各样的"小鸡鸡"啊！

　　包茎绝对不是病。但可以肯定的是，从小包皮就是扒开状态的更加卫生一些。

　　而且，包茎可以分为**"真性包茎"**和**"假性包茎"**两大类，那么，你的孩子属于哪一种呢？

　　无论怎样撸包皮，龟头都完全看不见的，就是"真性包茎"。

虽然平时龟头覆盖在包皮里，但是用手撸包皮的话，龟头会出来一点儿，或者之前没有出来过，趁着洗澡等机会撸一下，龟头能出来的，都是"假性包茎"。

另外，"假性包茎"不是病。**日本成年男性有七成都是"假性包茎"。**

因为女性中几乎没有掌握有关包茎知识的人，所以无须那么在意包茎这件事！虽然好像有人会因为包茎感到自卑，不过还是请大家放心吧。

青春期以前的"真性包茎"，随着在洗澡时清洗身体，将包皮向下撸，清洗内部并持续加以练习，龟头一定会逐渐露出。

护理和练习的方法，总结在下一页中。

不过，在护理和练习的过程中，孩子哭出来便是疼的标志。强拉硬拽是绝对禁止的！无论何时，都请温柔地、谨慎地进行操作，因为这里是非常敏感娇嫩的部位。

而且，青春期发育时，阴茎变大，龟头也会变成更易从包皮中出来的状态，还请放心！（能看见环状沟即可）

阴茎的护理及训练方法

将包皮拉向身体一侧

清洗阴茎的顶端

将包皮复原

淋浴

但是，当孩子进入青春期以后，如果对"真性包茎"放置不管，很可能会出现问题。

虽然以此状态也会长大成人，但可能会因包皮持续覆盖不卫生，或导致龟头发育不良，所以需要家长留心注意。

如果出现"真性包茎"，最好去医疗机构的泌尿科咨询一下。治疗价格参差不齐，请多加注意。

这样想来，从幼儿时期开始，让孩子在洗澡时自己扒一扒包皮进行练习，看起来是最好的办法呢。另外，青春期以后，也可能会出现手淫的情况，阴茎会变成更易扒开的状态的。

对男孩子来说，阴茎的烦恼是非常纯粹又非常容易令人受伤的问题。

正因如此，青春期以后，如果有任何烦恼，咨询泌尿科医生也是一种方法。

只要有人告诉他们"没关系！"，男孩子就能接受并安心了吧。

厉害的视频
那是什么？胸？
有胸部的视频。
啊？你没看过吗？
有这么大呢！
我们能看吗？
别那么大声！
原来是机器人动画片……
哈哈
太厉害了！
嗵！
嗵的一声就飞出去把坏人打倒了！

第六部分　谁家的孩子都一样！
　　　　　如何回答孩子提出的"惊心问题"

运动员好喜欢相扑

高波？
不是！
藤川？
不是！
花岩？
啊！
这个人！这个人！我好——喜欢！
擅长痛快的上手摔，是四兄弟中的老大！
不是那些，是因为他胸特别大啦！
该说什么好呢……

第六部分　谁家的孩子都一样！
如何回答孩子提出的"惊心问题"

孩子接触网络的机会增多

▼ 如果孩子看了少儿不宜的视频，怎么办？

近来，大家有没有注意到，看不见在外面玩的孩子们了？

以前孩子们常玩的公园、河边等地方，有很多都立起了"禁止踩踏"等标牌。这样一来，孩子们玩耍的地方，自然而然就变成了家中更多。

在家里，孩子玩游戏或手机等以网络为媒介的电子设备自然也就更频繁了。比如在一些网站或视频App平台上，孩子们喜闻乐见的内容丰富了起来，平时使用这些平台的家庭也很多。

即便您家不是如此，但孩子们

依然都是好奇心过剩又充满精力的。

在成人中，如果有人创造出别人意想不到的新奇事物，我们通常会非常敬佩。但有些事情也需要我们务必小心。

大家知道**"艾莎门"**这个词吗？

艾莎门（Elsagate）的含义如下：

"以孩子为收视对象，将内容不健康的视频及言论，伪装成人气动画人物的视频，孩子观看后会受到惊吓或不良影响。"

这个词由迪士尼电影《冰雪奇缘》中的人物"爱莎（Elsa）"而来，加上代表事件、不祥之事、丑闻意思的"××门"构成。不过在日本，也出现了以"面包超人"和"巧虎"等人气人物做伪装的不良视频。

这些不良视频的封面图，虽然看起来都是很普通的面向儿童的视频,但都含有如下内容。

- 正义的英雄正在对孩子施暴
- 动画人物正在做有性暗示的事情
- 动画人物被活埋

等剧情。

含有血腥、暴虐或性暗示等场景的不良视频,成人看后都会觉得十分恶心不适,小孩子观看后则会受到惊吓等伤害。

心智尚未成熟的孩子们观看这样的视频,心灵的成长和价值观会受到怎样的影响呢?一想到这些我就会十分心痛。

我传递出这样的信息时,也有家长会说:"最初就不要给孩子看视频(上网)!"

但是当下，在孩子的理想职业中，网络主播的呼声也很高，所以完全规避也是很难的呀。

我想，让孩子使用一些正规网站的儿童频道或青少年模式，家长就能放心地让孩子观看了。

但是，即使这样小心规避，当你发现孩子正在浏览少儿不宜的网页时，还是会大吃一惊吧。

这时，你可能会不知不觉地采取三个行动——

"愤怒""斥责""没收"！

孩子们想看，是本能。不管你怎么愤怒、斥责、没收，**如果孩子不明白不能看的理由，对家长的不信任感只会越来越强**。

是不是会演变成家长不在的时候偷偷看？

这样的行为更加危险吧！

对家长来说，了解"看到什么了？""有什么感想？""怎么进到这个页面的？"等信息，更加重要。

所以，我有如下建议：

"看什么呢？哎呀，进到了少儿不宜的网站啊。感想如何？从哪里跳转到这儿来的呢？"

试着开诚布公地问一问"感想"和"怎么跳转过来的"。然后说：

"妈妈还不想让你看有关暴力和性的内容。希望你上了中学，可以正确判断是非善恶之后再看。"

第六部分　谁家的孩子都一样！
　　　　　如何回答孩子提出的"惊心问题"

　　妈妈把自己的想法直接传达给孩子。知道了不能看的理由，孩子们便能乖巧地听取我们的建议了。

　　有了这样的谈话基础，到了小学高年级，男孩子即使迎来了对性兴致勃勃的时期，也会跟我们交流学校的事情或是朋友的关系，比如"朋友总是用平板电脑看色情网页，都不跟大家玩了"或者相反的"今天看了这样的（色情视频）东西"，等等。

　　这时，是和孩子们沟通"性"的好机会！

　　从避孕套到避孕、恋爱等，关于今后孩子会出现的变化，都请尝试聊一聊吧。

　　无论什么时代，机会都会伴随危机到来。

　　请不要错过这样的机会！

从哪里来 孩子的困惑

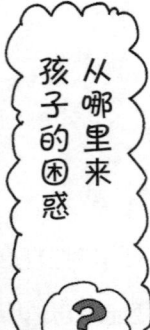

啊——

什么?

"孩子问了令人困惑的问题",昨天又来了!

要是那样还算好!

太困惑了。

终于来了呀!

"婴儿是从哪里来的?"这个问题?

我知道了!

谁知道呀!

他这么问的!

"人类从哪里来,要到哪里去?"

第六部分 谁家的孩子都一样！
如何回答孩子提出的"惊心问题"

亲亲事件

什么？亲亲？

幸树是亲亲了吗？

雄太！你太过分了！

美玖喜欢你这种三角光头吗？

你说什么？

美玖问我要亲亲吗？

是那样吗？

亲亲了就要结婚！

啊？

你们会结婚吧？

第六部分 谁家的孩子都一样！
如何回答孩子提出的"惊心问题"

和异性交往，经验早并不值得骄傲

▼ 怎么告诉孩子呢？接吻是有前提的

现在的孩子们读的漫画和杂志，你看过吗？

竟然有接吻或半裸的场景出现。而且，如果使用网络，很容易就能看到一些少儿不宜的视频，这一点我之前也告诉大家了。这样的环境也是不可抗拒的。

"在小学时交往是理所当然的啊。小学毕业前如果没有接过吻，不是很丢人吗？"

在现代社会，有一些孩子会有这样的想法。

孩子们的"理所当然",已经和我们小时候的"理所当然"不一样了。对于信息源是网络、杂志、朋友的孩子们来说,"大家都在做"等同于"正确"。

孩子们也明白接吻中包含的心情。与人交往就会有种特别的身边有人陪伴的满足感,而且还会产生优越感,对吧?

但是,小学生与人交往的前提是什么,多数孩子都不了解。

孩子们没办法获得有"前提"的知识。因为在学校很少会教社交和性的事情。正因如此,轮到家长登场了!

1岁～2岁的孩子亲亲,也许我们会微笑着看着他们,但是幼儿园大班的孩子亲亲,我们会有何感想呢?那么,小学高年级学生接吻呢?

孩子的年龄越大,家长的惊讶感应该也会越大。

我们一定要赶在可爱的孩子自己升级知识和经验之前,从孩子幼小时起,就预先输入有关性的知识。

我经常告诉大家的是，3 岁以后的性教育，从身体的故事、生命的故事开始吧。

实际上，3 岁，是非常重要的时机。

孩子到了 3 岁，已具备以下能力：

- 能熟练使用语言，日常生活中的对话也能充分理解
- 能理解对方的心情
- 能判断现在、过去、未来

亲子沟通也能更顺畅。

如果难以开口，建议从动物的故事开始。

"大象宝宝会在妈妈的肚子里面待两年*呢！你觉得你在妈妈的肚子里待了多久呢？"

"海马是爸爸生宝宝的。人类是谁来生宝宝呢？"

从动物的生命的故事向人类的故事推进也不错吧。

---

*大象怀孕需要经过 20～22 个月，才能生下小象。此处给 3 岁的小孩子讲，用了比较容易理解的近似时间。

第六部分　谁家的孩子都一样！
如何回答孩子提出的"惊心问题"

　　不管孩子到了几岁，性教育都没有太晚这一说。以洗澡时清洗内裤为契机，可以试着依次聊一聊精子的故事、卵子的故事、受精的故事、性的故事，等等。孩子越小，对性的话题听得越津津有味，会做出非常可爱的反应。

　　只不过，如果进入了小学，孩子的反应也会改变。虽然是孩子自己问的"小婴儿是从哪里来的？"，不论父母多么意志坚定地讲述，他们也不爱听了，或者还会说"烦人""恶心"。这也是成长的标志之一。就算出现了不太和谐的氛围，也请明确告诉孩子，"这是很重要的话"，并继续讲述下去。家长的认真是会传达给孩子的！

　　孩子，特别是男孩子，多重要的话过了 3 分钟也会忘记的。

　　相同的话要说 10 次！请以这样的心情，坚强面对！

什么是危险人物

哇——是嫌疑人信息啊!
小学生被车中的男人叫住……
露出下半身……
为什么要那么做呢?
是呀，为什么呢?
忘记穿内裤，正在为难吧?
你知道哪家店可以买到内裤吗?
没穿内裤这个理由太奇怪了吧!
裸体
晴菜和雄太也要小心奇怪的人!
好!
……

第六部分　谁家的孩子都一样!
　　　　　如何回答孩子提出的"惊心问题"

安全教育！预防性侵害的

学学有关性侵害的知识吧！
啊？
社会上有很多奇怪的人，
为了避免遭遇性侵害……
太烦了吧！
妈妈第一次遇见色狼是在高中的时候——
有个叔叔总是把身体贴过来……
动来动去
呼呼
这个人怎么回事？
啊？
你为什么没说“别动我”？
因为当时不知道什么叫“色狼”。

第六部分　谁家的孩子都一样！
如何回答孩子提出的"惊心问题"

就算招手也决不能靠近

▼ 如果孩子遇到了性侵害

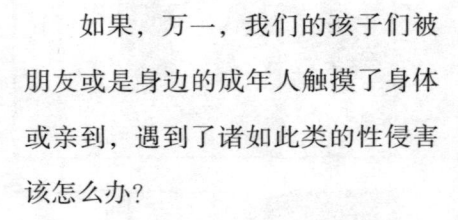

如果，万一，我们的孩子们被朋友或是身边的成年人触摸了身体或亲到，遇到了诸如此类的性侵害该怎么办？

也许你并不想想象，但遗憾的是，它是有可能发生的。

以防万一，我希望你能在此时稍稍思考一下，如果，孩子遇到了侵害，该怎么办？首先，作为家长，我们要能察觉到这件事，对吧？

如果自己遇到了性侵害……光想一想就觉得恐怖、不安、令人讨厌了呀。在这样的心情下，孩子还可能会想：

第六部分　谁家的孩子都一样！
如何回答孩子提出的"惊心问题"

"要是家人知道了，该怎么办……"
"要是我最喜欢的妈妈不再爱我了，怎么办……"

不仅身体遭遇了侵害，还要背负"家人会怎么想我呢？"这样沉重的心理负担……

孩子很难将自己的遭遇表达出来。

但是，如果家长能够及时发现孩子的异样，就可以及时报警，采取相应措施。

正因如此，我们不要错过孩子表现出的任何异常小特征！

比如，需要留意孩子的如下表现：

- 突然开始尿床
- 变得异常爱撒娇
- 夜里突然大哭
- 不想去保育园、幼儿园或学校，并顽强抵抗

- 问有关性的问题
- 让别人摸自己的生殖器

有其他倒退回婴儿时期的举动，或表现出不同以往地对性充满兴趣的样子，可能都是身心受伤的特征。

加害者多数是男性，所以男孩子更难以向家人开口。我希望家长可以充分理解孩子的心情。

如果，孩子鼓足勇气，开始说出"有人把手伸进了我的内裤里"等，请给孩子一个拥抱。然后，请这样对孩子说：

"谢谢你能告诉妈妈。很害怕吧？这不是你的错。不论你是怎样的，妈妈都爱你！"

当我询问经历过性侵犯的人，他们跟我说："父母能接受我，能听我说，告诉我我没有错。这样就是救我了。"

而且，为了避免再次遭遇侵害，在听孩子讲述时，录音或录像吧。

第六部分　谁家的孩子都一样！
如何回答孩子提出的"惊心问题"

如果觉得这样做有困难，就留下笔记。这些将会成为报警时的笔录。

不要直白强硬地问"什么时候""在哪里""被谁"等。只需要将孩子断断续续说的话记录下来就可以了。

专业的事交给专业的人吧。

"谢谢你跟我说。"
"你没有错。"

请将这样的话语告诉孩子，和孩子的心靠得更近吧。

另外，如何呵护孩子受伤的心灵，可以咨询各地的相关援助机构。

孩子们一生都不得不与这段回忆为伍。家人不要独自承担这份责任，也请鼓起勇气接受社会的支持和帮助吧。

开明的性教育
内裤教室

怎样才能更好地跟孩子聊天

1. 好的态度很重要

家长是孩子一生中最重要的榜样。家长在处理尴尬话题或解决家庭问题时的态度,会影响孩子今后面对这些事情的态度。因此,您需要积极、坦率、真诚地和孩子聊关于性的话题。

2. 学会和孩子聊天

有时候,孩子的提问并不是他真正想要问的,只是他不知道怎么表达。因此,家长要学会倾听,保持话题的开放和顺畅,聊着聊着你才能发现孩子真正想问的问题。

3. 耐心引导不可少

当孩子对身体和性有一些模糊的想法时,家长要尽量给孩子创造表达的机会,给予他耐心的引导和提示。可以问"你是怎么想的呀?"这类启发性问题,让孩子能够安心地和大人交流。

第七部分 孩子真正想要的是什么?
通过性教育,想告诉
孩子的事情

机会叔叔
CHANCE
"小鸡鸡"的大小与男性功能没有关系!
这个必须好好告诉给青少年!
我一直是这么认为的!
性
用平易近人的游戏形式!
性教育的机会!
性
为了我们青少年拼尽全力的机会叔叔……
谢谢!
爸爸,谢谢你!
这还是爸爸吗?
小霞→

第七部分 孩子真正想要的是什么?
通过性教育,想告诉给孩子的事情

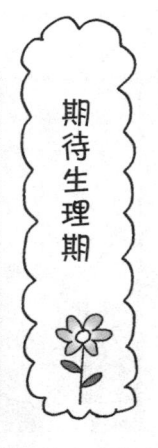

内裤教室

内裤教室?

是学习手工做内裤吗?

不是的,是性教育的教室。

性……性教育?

急急忙忙

冷静——

等不了了!

我也是!

我都没有好好学习过!

我也是啊!

所以才想要好好学习一下的。

第七部分　孩子真正想要的是什么？
　　　　　通过性教育，想告诉给孩子的事情

你要知道：孩子不会永远是孩子

▼ 比你想象的短

与『外星人』男孩子在一起的时间，

男孩子最喜欢的三样东西——
"大便"
"鸡鸡"
以及，**"妈妈"**！

"我要和妈妈结婚！"
"妈妈是世界上最可爱的人呢！"
"最喜欢妈妈！"

这样令我们羞涩又开心的话，能说很多给我们听的，只有男孩子。

有时，男孩子会一边敌视爸爸，一边率先做起妈妈粉丝团的团长。

正因如此，**最喜欢妈妈的男孩子的干劲和自信、对女孩子的关心和温柔**，会因为妈妈的说话方式突然转变。

重点是，将妈妈的想法和心情，用"××做的话，妈妈会很开心"的句型告诉孩子。

比如，生理期的话题——

"女孩子在生理期时，会感觉疲惫烦躁，还会肚子疼，如果你能温柔对待她们的话，妈妈会很开心！"

如果孩子开始对成人杂志或色情网站感兴趣了——

"里面也会有暴力的内容。因为这是幻想，所以妈妈希望你到了能完全分辨的年龄再看。如果你能成为理解对方心情的人，妈妈会很开心！"

如果男孩子之间打架踢到了阴茎——

"'小鸡鸡'是有生命的种子的地方，所以如果你能好好保护它，妈妈会很开心！"

以这种方式说给孩子听，满怀着温柔和爱的话语，会一直钻进男孩子的心里，并且滋养出关心他人的心。

孩子的价值观，几乎是由父母的价值观构成的。

到了10岁以后迎来青春期，虽然父母的话开始左耳进右耳出，但父母传递给孩子的价值观和知识都完整地留给了孩子。

特别是性的内容，基本不会再从其他地方听到了。"父母的性的价值观≈孩子的性的价值观"并不奇怪。

孩子在父母身边的时间是18年左右。看似很长，时间却在不经

第七部分　孩子真正想要的是什么？
　　　　　通过性教育，想告诉给孩子的事情

意间悄然度过。而且，到了青春期，孩子开始不断探索外面的世界，和父母说话的时间会骤然减少。

　　能和孩子在一起度过的时间，还有多少呢？在这期间，我们到底能给孩子留下些什么呢？

　　这样一想，你是不是觉得，现在能和孩子在一起的时间弥足珍贵？

　　只有当下这个时间可以利用了！
　　在孩子 3 岁～ 10 岁之间，作为生命之源的性的话题，请认真传达给他们吧。因为这将成为孩子步入幸福人生的路标。

爸爸的努力
性
性教育的事，我也要一起学习！
真……真的吗？
因为孩子的未来非常重要啊！
也要看一看性教育的书！
不好意思什么的，都不存在！
爸爸太帅啦！
电车内
咣当咣当
性教育读本
性
还是别在电车里看了吧！
竟然晕车，太难受了！
不要在电车里看了！

我的孩子
啊！
太牛了！
太牛了！
怎么了？
拉出好大一条大便！
哇！
马桶
好可爱啊！
我生出来的呢！
什么？
据说孩子喜欢大便，会把它想象成自己的孩子。
雄太……
太臭了！
用力按键
水力太小了吧！

最喜欢宝宝
将爸爸的宝宝种子
送到妈妈的卵子中
就能做成宝宝吗？
这么说的话……也对也对！
太厉害了！
做宝宝吧！做宝宝吧！
我想要宝宝！
啊……
那好，现在就做宝宝吧！爸爸！
快点！快点！
不要说得好像倒点水，就能做出来一样！

第七部分　孩子真正想要的是什么？
　　　　通过性教育，想告诉孩子的事情

在爱中，你来到这个世界

▼ 希望妈妈事先了解的事
通过性教育，想告诉孩子的事和

性教育，并不只是教给孩子男女的区别或妊娠、生产的方法，我想看到这里，大家一定已经清楚了它的意义。

我认为，性教育最终的目标，是通过反复告诉孩子生命和身体的重要性，以及他们因爱而生，来提高孩子的自我肯定感，成为珍爱自己和他人，会爱的人，并且不要成为性犯罪的被害者或加害者。

性教育有百利而无一害。性教育的好处非常多。在这本书的最后一个章节中，就总结一下性教育的好处吧。

第七部分　孩子真正想要的是什么？
通过性教育，想告诉孩子的事情

① 初体验的年龄增大，防止无人期待的妊娠！

相关研究结果显示，接受过正确性教育的孩子，初体验的年龄更大。具备有关性的知识后，就会生出体谅对方的心情。而且，能慎重判断现在是否可以有性行为。

在 2000 年，10 岁～20 岁年龄段的人工流产数量，日本秋田县的数值要大幅高于日本全国的平均值。之后，县内所有的初高中开展了性教育。到 2019 年，这一数值已大幅低于日本全国的平均值。可以说，这正是全面推行性教育的结果。

② 减少遭遇性犯罪的危险！

日本经常爆出罪犯袭击小孩子的犯罪新闻。

孩子如果不清楚自己遭遇了什么，就不会呼救、逃跑、告知父母，这对性犯罪者来说都是可乘之机。

但是，在家庭中接受了性教育的孩子，坏人一旦靠近，马上就能感受到危险信号。然后就可以逃跑或者告知父母。

另外，父母也不希望孩子成为加害者。因此，一定要教授给孩子关爱之心和不能做的界限。如果不教给孩子，他们是无法自己获得的。

如果孩子能理解不可以伤害别人和有不能做的事情，成为被害者或加害者的危险都能减少。

③ 提升自我肯定感

"从几亿颗精子中克服无数困难后，只有排名第一的精子才能与卵子相遇，然后你就出生了。所以，你从一出生就是第一名。爸爸妈妈非常爱你！"

通过性教育，能这样讲给孩子听，多好啊。

"我是特别的存在！"，孩子会为自己铸造信心，不断培养自我肯定感。

妈妈，是"外星人"男孩子的敏锐管理者！

男孩子们将会度过怎样的人生，都由妈妈的生活方式决定。

虽说如此，但也请不要过度干涉。也没必要做得尽善尽美。

首先，卸下负担，放轻松。

然后，虽然"外星人"男孩子总是做出令人意想不到的事情，但也请从享受和他们对话开始吧。

衷心祝愿大家旗开得胜！

后 记

感谢您一直读到最后。

转眼间，立志传播开明、坦诚的性教育理念的"内裤教室"性教育协会，已经成立五年了。

我们怀着"能为烦恼的人分忧该多好啊"的心情，持续传递独树一帜的开明的性教育，由此获得了妈妈们的热烈反响！现在每年开展70次演讲，依然不能满足妈妈们的需求。

我小时候是一个非常调皮的女孩子，着实让父母烦恼不已。

孩子们都是美好的"问题"儿童。对性感兴趣是理所当然的事。

在国外很多国家，小孩子5岁就开始接受性教育了。而在日本，不知道包茎、性行为、手淫的孩子不在少数，还有很多孩子对自己没有自信……生活本是美好的，而性是孩子们生活下去无法分割的部分，可以说那就是人生。正因如此，我希望日本能多一些喜欢自己、喜欢父母、喜欢别人的孩子。

通过这本书，如果您能了解"所有男孩子的妈妈都在一起烦恼着、快乐着"，从而安下心来，心情稍稍放松一些，我将感到十分幸福。

后 记

　　最后，我想感谢制作本书时活跃于全日本的"内裤教室"的讲师们、编辑柏原老师、漫画家阿部佳世子，感谢你们对我的关照，感谢众多相关人员，我在此深施一礼。

　　还有，在天国守护我的父亲。您曾经坦荡地对我进行的性教育，这些教育现在成了一粒种子，然后长出叶子，开出花朵，不断令他人欣喜并得以解放。"您说还远远不够吗？"是的，我知道的。我还要将性教育的知识传递给更多的家庭，所以请继续守护我吧。

　　满怀爱意，致意亡父。

野岛那美

图书在版编目（CIP）数据

3—10岁男孩养育指南 /（日）野岛那美著；（日）阿部佳世子绘；刘晓冉译. -- 哈尔滨：北方文艺出版社，2023.9
ISBN 978-7-5317-6011-5

Ⅰ.①3… Ⅱ.①野… ②阿… ③刘… Ⅲ.①男性－家庭教育 Ⅳ.①G782

中国国家版本馆CIP数据核字(2023)第163412号

著作权合同登记号 黑版贸登字：08-2023-022
TITLE：［男子は、みんな宇宙人!］
BY：［のじま　なみ、あべ　かよこ］
Copyright © 2019 Nami Nojima, Kayoko Abe
Original Japanese language edition published by JMA Management Center Inc.
All rights reserved. No part of this book may be reproduced in any form without the written permission of the publisher.
Chinese translation rights arranged with JMA Management Center Inc., Tokyo through NIPPAN IPS Co., Ltd.

本书由日本能率协会Management授权北京书中缘图书有限公司出品并由北方文艺出版社在中国范围内独家出版本书中文简体字版本。

3—10岁男孩养育指南
3—10 SUI NANHAI YANGYU ZHINAN

策划制作：北京书锦缘咨询有限公司	
总　策　划：陈　庆	
策　　　划：肖文静	

著　　者 / ［日］野岛那美	
绘　　者 / ［日］阿部佳世子	
译　　者 / 刘晓冉	
责任编辑 / 邢　也	封面设计 / 美丽子-Miyaco
出版发行 / 北方文艺出版社	邮　编 / 150008
发行电话 /（0451）86825533	经　销 / 新华书店
地　　址 / 哈尔滨市南岗区宣庆小区1号楼	网　址 / www.bfwy.com
印　　刷 / 天津市蓟县宏图印务有限公司	开　本 / 880mm×1230mm　1/32
字　　数 / 72千	印　张 / 6.25
版　　次 / 2023年9月第1版	印　次 / 2023年9月第1次印刷
书　　号 / ISBN 978-7-5317-6011-5	定　价 / 59.80元